한국사를 바꾼
협상의 달인들

차례

차례

신의를 지키기보다 실익에 따라
과감하게 변신하는

ESTP

눈치 빠른
'거리 두기'의 달인

↓

장수왕

394 ~ 491
고구려의 제20대 왕

여러분은 고구려 왕 하면 누가 가장 먼저 떠오르나요? 아마 광개토대왕이지 않을까 싶습니다. 그는 영토를 크게 넓혀 고구려의 전성시대를 이뤄 낸 인물로 잘 알려져 있지요. 그런데 외교적 협상의 기술로는 광개토대왕보다 한 수 위였던 인물이 있는데요. 바로 광개토대왕의 맏아들 장수왕이었습니다. 먼저 장수왕이 등장하기까지 고구려가 어떤 역사를 거쳐 왔는지 볼까요?

대한민국에서 가장 오래된 역사서인 《삼국사기》에 따르면 고구려는 기원전 37년에 건국되었습니다(더 일찍 건국되었다는 설도 있지만요). 건국 초부터 고구려는 중국 한나라가 세운 군현들과 부딪치면서 성장해 나갑니다. 한나라는 기원전 108년 왕검성을 무너뜨려 우리 민족 최초의 국가 고조선을 멸망시킨 중국의 통일 왕조입니다. 거대한 국토와 인구를 가진 한나라가 중국 대륙을 지배하던 시절, 주변의 이민족들은 그에 압도당할 수밖에 없었습니다. 고조선뿐 아니라 몽골고원에서 활약하던 흉노도, 오늘날 베트남의 조상이라 할 남월도 한나라에 의해 정복되거나 확연히 기세가 꺾인 바 있지요. 그런데 이 한나라가 휘청거리면서 우리가 익히 아는 소설《삼국지》의 무대인 삼국 시대가 열립니다.

위나라와 촉나라와 오나라가 세 갈래로 맞서고 있는 상황에서 고구려는 조금씩 힘을 길러 나갔지만 위나라의 침략을 받고 수도를 빼앗기는 아픔을 겪기도 합니다. 중국의 삼국 시대는 기원후 280년, 위나라 황제에게서 왕 자리를 빼앗은 사마염이 오나라를 멸망시키고 진나라를 세우면서 마무리됩니다. 그러나 진 왕조는 오래가지 못합니다. 황족끼리 격렬하게 싸우면서 난장판이 됐기 때문이지요. 그리고 호시탐탐 중국 중심부를 노리던 이민족들이 너도나도 국경을 넘어 화북(중국 북부 지방) 지역을 장악하게 됩니다. 이때 주로 활약한 것이 흉노, 선비, 갈, 저, 강이라는 이름의 다섯 민족이었는데 이들을 오호五胡라 부릅니다. 317년 갈족 출신의 석륵이 진나라 수도를 점령하고 마지막 황제를 죽임으로써 진나라는 멸망하지요. 하지만 진나라 지배층 일부는 양쯔강 아래쪽으로 내려가 동진이라는 나라를 세워 진나라의 이름을 유지합니다.

광개토대왕의 아들, 장수왕의 등장

반면, 화북 지역은 극도의 혼란에 빠져들게 됩니다. 이때를 오호십육국 시대라고 부릅니다. 흉노족의 유연이 화북 지역 깊숙이 들어와 나라를 세운 304년부터, 선비족의 북위가 화북을 통일하게 되는 439년까지를 대략 이 시대로 가늠하지요. 무려 130년이 넘는 일대 혼란기였습니다. 그나마 후세의 역사가들이 나라라고 '쳐 준' 것이 열여섯 개였을 뿐, 실제 이 혼란기에 나타났다 사라져 간 나라는 훨씬 많았으니 그 어지러움의 정도를 짐작해 볼 수 있습니다.

그 혼란한 틈을 타 고구려 15대 미천왕은 중국의 오래된 두 군현을 정복하여 기세를 올리지만 시련은 그치지 않았습니다. 고구려 16대 고국원왕은 16국 가운데 하나인 선비족의 나라 전연의 공격에 수도를 빼앗기고 342년 아버지 미천왕의 시신과 자신의 왕비와 어머니까지 빼앗기는 아픔을 겪게 되지요. 요동으로 진출하지 못하게 된 고국원왕은 남쪽으로 눈길을 돌렸으나 이번에는 근초고왕이 이끄는 백제군에게 패하여 전사하고 맙니다.

전연이 저족의 나라 전진에게 멸망당하자 이후 고구려는 소수림왕에 이어 고국양왕이 패전의 상처를 수습하고 나라 안을 잘 다스리면서 힘을 기르는데요. 이후 광개토대왕을 맞이하면서 급성장합니다. 광개토대왕은 거란을 정벌하고 백제의 항복을 받아 냈으며 신라를 도와 왜군을 무찔러 낙동강 일대까지 고구려의 깃발을 펄럭이게 됩니다. 또 전연의 뒤를 이은 후연이 침략해 오자 이를 되받아쳐 오늘날의 요동 지역을 차지했습니다.

고구려와 후연의 전쟁은 후연 내부에서 정변이 일어나 풍발이라는 이가 407년 북연을 세우고서야 마무리됐습니다. 그런데 종횡무진 동서남북을 누비던 광개토대왕은 413년 서른아홉의 젊은 나이로 세상을 뜨고 말지요. 그 뒤를 이어 왕위에 오른 이가 바로 태자 거련巨連, 즉 장수왕입니다.

광개토대왕의 요동 정벌을 묘사한 기록화

장수왕

첫 사신단으로 북위 황제를 녹이다

413년 장수왕이 왕위에 올랐을 즈음의 국제 정세를 다시 정리해 볼까요. 오호십육국 시대를 끝내고 화북을 제패한 북위가 강성해지고 있었고, 요서 지역에는 북연이 버티고 있었습니다. 양쯔강 아래로는 동진 왕조가 있었는데, 장수왕 즉위 7년 뒤인 420년에는 유유가 세운 송나라(유송)에 의해 무너졌지요.

고구려로서는 날이 갈수록 세력을 확장하는 북위에 신경을 곤두세울 수밖에 없었습니다. 그래서 장수왕은 즉위하자마자 동진에 사신을 보내고 송나라로부터도 책봉을 받습니다. 또 북위의 북쪽에 있던 유연과도 긴밀한 관계를 맺지요.

송나라 역시 북위를 견제하기 위해 고구려에 기꺼이 손을 내밉니다. 원교근공遠交近攻, 즉 가까운 나라에 맞서고자 먼 나라와 사귀는 흔한 외교 정책이지요.

한편, 북위는 동쪽으로 세력을 확장하며 고구려와 북위 사이에 있던 북연에 칼끝을 겨눕니다. 430년경, 북연을 다스리고 있던 이는 북연을 세운 풍발의 동생 풍홍이었습니다. 그는 왕 자리를 빼앗고 풍발의 아들들, 즉 자신의 조카들을 모두 죽였지요.

이런 난리를 겪은 나라가 제대로 돌아갈 리 없습니다. 북연은 이리저리 흩어져 갈피를 못 잡고 있었지요. 게다가 화북의 강자 북위는 북연에 대한 야욕을 숨기지 않고 있었고요.

북위 사람들이 북연을 자주 쳐서 북연이 날로 위태롭고 궁지에
몰리게 되었다. 북연왕 풍홍이 말하기를 '만일 일이 급하면
동쪽으로 고구려에 의지하였다가 나중에 나라를 일으키겠다'고
하고, 상서 양이를 몰래 보내 우리에게 맞이해 주기를 청하였다.
－《삼국사기》, 〈고구려본기〉 장수왕 22년

장수왕이 보기에 북연은 오래갈 것 같지 않았습니다. 그렇
다면 고구려는 신흥 강국 북위와 국경을 맞대야 했습니다. 이 변
화에 기민하게 대응하여 435년 장수왕은 그때껏 교류가 없던 나
라 북위에 처음으로 사신단을 파견하게 됩니다.

북위 황제 태무제도 고구려를 당연히 알고 있었지만 직접
고구려인을 대한 것은 처음이었습니다. 이 흥미로우면서도 긴장
되는 만남에서 태무제의 경계심을 누그러뜨린 것은 바짝 엎드린
고구려 사신들이었지요. 그들은 서슴없이 스스로를 북위의 신하
로 칭하며 태무제를 우쭐하게 했습니다. 가져온 예물도 산더미
였고, 사신의 입에서 나오는 말도 더할 수 없이 곱고 달콤했습니
다.

"폐하. 국휘를 저희에게 베풀어 주시옵소서."

국휘란, 공경의 의미로 왕의 이름과 같은 글자를 쓰지 않는
것을 뜻합니다. 북위를 황제국으로 받들어, 그 일족의 이름을 다

른 곳에 함부로 쓰지 않겠다는 정치적 메시지를 전한 겁니다. 이를테면 훗날 고구려의 연개소문은 중국 기록에 연씨가 아닌 천씨로 기록되어 있는데, 이 또한 당나라의 첫 황제 이연의 이름을 피한 것이지요.

예나 지금이나 나라와 나라 사이의 외교에서 뭔가를 얻어 내기 위해 흔히 쓰는 수단 중 하나가 파격적인 의전입니다. 공식적인 만남에서 상대방이 기대하는 것보다 더 예우를 갖춰 대접함으로써 상대를 만족시키고 친밀도를 최고조로 올려놓은 후 전략적 성과를 이끌어 내는 것이지요.

여태껏 제대로 된 교류도 없던 고구려의 사신이 신하가 되기를 자청하며 북위 황제 일족의 이름을 문서에 쓰는 일을 피하겠다고 나오니 태무제로서는 즐거울 뿐이었습니다. 무엇보다 안심이 됐던 것은 북연을 공격할 때 고구려를 신경 쓰지 않아도 된다는 사실이었지요. 고구려가 북연과 함께 자신에게 대들 가능성이 사라진 겁니다.

무슨 신하가 이렇습니까?

마음을 놓은 북위 태무제는 436년 북연의 숨통을 끊기 위해 군대를 일으킵니다. 아마 이런 명령을 내렸겠지요.

"풍홍이라는 녀석을 사로잡아 끌고 오너라! 북연 수도 화룡성은 고구려와 가깝다. 고구려가 이미 우리에게 머리를 숙였으니 문제 일으키지 않게 조심하라!"

아울러 고구려에도 사신을 보냅니다.

"우리가 북연을 칠 터이나 고구려는 안심하라."

이는 고구려를 안심시키는 동시에 일종의 경고이기도 했습니다. 북연을 돕거나 허튼짓하지 말라는 얘기였지요. 고구려는 이 경고를 받아들이지도, 거부하지도 않았습니다. 무슨 뜻이냐고요?

북위의 대군은 파죽지세로 북연에 쳐들어갔습니다. 그러나 수도 화룡성에 다다랐을 때 북위군 사령관은 까무러칠 듯 놀라고 맙니다. 화룡성 밖에 북위군과 맞먹는 기세의 정예 군단이 진을 치고 있었던 겁니다. 태무제 앞에 납작 엎드려 황제 폐하를 부르짖으며 황제 일족의 이름 글자조차 쓰지 않겠다던 고구려군이었지요.

북위군은 난감했습니다. 고구려군의 의도를 알 수 없었고, 그들과 싸워야 하는지 말아야 하는지도 분간이 가지 않았습니다.

이 대치 상황에 북연에서는 친북위파와 친고구려파의 내분이 일어납니다. 북연의 지배자 풍홍을 비롯한 친고구려파가 성문을 열자 고구려군은 거침없이 진입해 친북위파를 쓸어버리고 화룡성을 깡그리 약탈한 후 불태워 버렸습니다. 그리고 풍홍 일족과 수십 만의 북연 백성들을 고구려로 데려가게 됩니다. 이 와중에 북연 백성들을 무장시켜 대오를 갖추니 북위 군대는 그야말로 '닭 쫓던 개'가 되어 버렸습니다. 북위군 지휘관들 사이에서는 이런 대화가 오갔으리라 상상해 볼 수 있습니다.

"고구려는 스스로 우리 신하라 하지 않았습니까? 무슨 신하가 이렇습니까. 저걸 보고만 계실 겁니까."

"난들 알겠느냐. 어쨌든 고구려군은 우리 계산에 들어 있지 않다. 나는 북연을 치라는 명을 받았지 고구려와 싸우라는 명은 받지 않았다."

장수왕은 외교적으로 선수를 쳐서 북위를 안심시키고 북위가 북연을 거의 멸망시키는 것을 예의주시하다가 결정적인 순간에 무력을 동원해, 전략적인 목표(풍홍과 북연 인구)만 가로채 버렸던 겁니다. 일종의 성동격서聲東擊西, 즉 다른 방향에서 소리를 내 적의 관심을 돌린 후 자신이 노린 방향을 공격하는 전술이었다고나 할까요. 물론 북위와의 전쟁을 각오하긴 했으나, 북위군이 황제의 명을 넘어 함부로 고구려군에 덤비진 못할 것이라는 사실을 꿰뚫어 본 결과였다 하겠습니다.

북위군은 어쩔 수 없이 물러났고 태무제는 노발대발하여 지휘관들을 졸병으로 강등해 버립니다. 그리고 고구려에 사신을 급히 보내지요.

"풍홍을 내놓아라!"

그런데 여기서 장수왕의 대답은 더할 수 없이 정중하지만 얄밉도록 절묘합니다.

"마땅히 풍홍과 함께 황제의 가르침을 받겠나이다."

풍홍과 '함께'라고 말한 점이 중요합니다. 즉, 보내지 않겠다는 뜻을 표명한 것이지요. 그러면서도 북위에 대한 공손한 태도를 흐트러뜨리지 않고요. 이에 태무제는 고구려를 치겠다고 벼르지만 신하들이 말립니다.

"전진의 부견의 예를 기억하십시오."

북위 이전에 거의 화북 지역을 평정했던 전진의 황제 부견은 천하통일을 위해 동진을 공격하다가 단 한 번의 전투에 패하여 나라를 잃어버렸거든요. 아울러 고구려와 전쟁을 하다 보면 북쪽의 유연과 남쪽의 송나라에 허를 찔릴 수밖에 없었지요. 그 둘 모두 고구려와 통하고 있었으니까요.

풍홍을 둘러싼 외교전의 최종 승자는?

한편, 장수왕은 풍홍을 고구려로 끌어들이기 위해 적잖은 약속을 했을 겁니다. 안전은 물론, 고구려에서의 지위도 약속했겠지요. 하지만 북위 역시 비슷한 제안들을 했었는데도 내부의 반발을 물리치고 풍홍이 고구려에 망명한 것 또한 장수왕의 외교적 승리였습니다.

풍홍이 강을 건너 고구려 땅에 들어왔을 때 장수왕은 사람을 보내 이렇게 위로합니다.

"용성왕 풍군이 멀리까지 와서 노숙을 하니 군사와 말이 얼마나 피로하겠는가."

'썩어도 준치'(본바탕이 좋은 것은 낡고 헐어도 그대로 가치 있다는 뜻)라고, 나라 잃고 도망 왔을망정 풍홍은 스스로를 황제로 여기고 있었습니다. 그런데 별안간 북연의 황제가 아닌 '용성', 즉 화룡성의 왕 정도로 폄하된 겁니다. 풍홍은 길길이 날뛰었습니다.

"나는 황제란 말이다! 말이 다르지 않은가!"

그러나 장수왕은 풍홍을 황제로 예우할 생각은 꿈에도 없었습니다. 대개 외교는 그렇게 비정한 것입니다. 의리와 인정은 국가의 이익을 침해하지 않는 선에서만 발휘되지요. 국익 앞에서는 친구도 없고 동맹도 사라지는 법입니다. 장수왕은 북연 사람들과 풍홍의 연락을 차단하고 풍홍의 아들을 인질로 끌고 가 버렸습니다. 풍홍은 이미 쓸모 없어진 망한 나라의 찌꺼기와도 같은 신세였지요. 하지만 풍홍도 가만히 있지만은 않았습니다. 그는 바다 건너 송나라와 협력을 도모합니다. 송나라로서는 북위의 배후에 자기 편을 두고 싶었고, 의뭉스러운 고구려보다는 북위에 나라를 빼앗기고 복수를 다짐하는 풍홍의 이용 가치가 더

커 보였던 겁니다.

이에 송나라는 풍홍을 인수할 사신단을 파견합니다. 사신단이라고는 하나 일종의 파병이었습니다. 송나라 사신 왕백구가 무려 7,000여 명의 군대를 이끌고 요동에 나타났으니까요. 북위에도 송나라에도 신하를 자청하고 있던 고구려였으나 이 사신단의 출현에는 경악할 수밖에 없었습니다. 풍홍을 이용하여 뜻을 이루겠다는 강력한 의지가 느껴졌기 때문입니다.

왕백구는 송 황제의 칙명을 소리 높여 읽으며 고구려에게 풍홍을 넘기라고 요구했습니다. 그러나 고구려는 북위의 군대와 대치했던 그 기세로 송나라의 요구도 가볍게 '읽씹'해 버립니다. 나아가 장수왕은 특단의 결정을 내립니다.

"풍홍을 죽여 없애라."

이제 풍홍은 이용 가치 없는 망국의 임금이 아니라 누구의 손에 이끌려 분쟁의 불씨로 타오를지 모를 화근이 돼 있었습니다. 왕백구의 송나라 군대가 풍홍을 데려오기 위해 고구려 영토 깊숙이 진입하자 장수왕은 특공대를 보내 풍홍 일족을 모두 죽입니다. 송나라 군대가 풍홍이 살던 곳에 도착했을 때 그곳은 이미 피바다였습니다.

골고루 병 주고 약 주는 '등거리 외교'

풍홍 일족을 살해한 고구려군과 마주쳤을 때 왕백구는 벼락같이 소리를 지릅니다.

"저놈들을 쳐라!"

황제의 명을 완수하지 못한 낭패감 때문이었을까요. 자신들을 무시한 고구려에 대한 분노였을까요. 그러나 그들은 고구려의 안방과도 같은 요동 한복판에 있었습니다. 고구려 특공대를 격파하기는 했지만 곧 고구려의 대군이 몰려들었습니다. 송나라 군대는 박살이 나고, 왕백구는 꽁꽁 묶여 장수왕 앞에 끌려가는 신세가 됐습니다. 어이없는 도발을 감행했으니 왕백구는 죽어도 할 말이 없었지요. 하지만 송나라 군대를 공격할 때는 여지없이 단호했던 장수왕이 이번에는 유연함을 발휘합니다. 그리고 또 한 번 절묘한 외교적 '신의 한 수'를 둡니다. 요동 한복판에서 고구려군을 죽인 왕백구를 고구려 사신단과 함께 송나라로 송환한 겁니다. 아마 이런 뜻이었겠지요.

'이 녀석이 우리나라에서 이런 소동을 일으켰습니다. 물론 황제의 뜻이 아니겠지요? 그리고 벌을 주시겠지요?'

송나라 조정은 발칵 뒤집히고 말았습니다. 풍홍을 데려오라고 보냈더니 풍홍은 얻지 못한 채 고구려와 싸움만 실컷 벌이고, 심지어 이기기는커녕 고구려 사람들에게 꽁꽁 묶여서 돌아왔으니 이만큼 난감한 일이 없었습니다. 감히 송나라 군대를 공격하고 사신을 묶어 보낸 고구려에게 부아가 치밀었으나 이 일로 고구려와 적이 되면 송나라만 손해였습니다. 풍홍은 이미 죽은 데다가 그 일로 고구려를 응징할 수도 없었습니다. 도대체 몇 만 명이나 되는 군사들을 어떻게 배에 싣고 가서 고구려를 친단 말입니까.

송 태조는 되레 왕백구에게 호통을 칩니다.

"왜 하지 말라는 짓을 해서는 일을 이렇게 만들었는가!"

고구려 사신들 앞에서 왕백구는 감옥으로 끌려갑니다. 고구려의 체면을 살려 주는 일종의 쇼였지요. 왕백구는 이 숨 가쁜 외교전의 틈바구니에서 꽤 오랜 기간 창살을 부여잡고 지내야 했습니다.

물론 고구려도 이에 대한 답례를 합니다. 439년 장수왕은 서해바다를 가로질러 송나라에 말 800필을 보냅니다. 말 800필이라면 별것 아닌 것 같지만 그 대부분은 우수한 종마였습니다. 허약한 기병 전력 때문에 북위에 곤욕을 치르던 송나라로서는 가뭄의 단비 같은 전략 무기를 얻은 셈이었지요.

장수왕은 이렇게 송에 선심을 쓴 다음 해인 440년, 한 해에 두 번씩이나 북위에 조공하며 머리를 조아리면서 계속 정세를 살핍니다. 북위는 고구려가 송나라에 무엇을 주었는지 뻔히 알았으나 고구려를 제대로 타박할 수도 없었지요.

장수왕은 북위와 송 모두에게 허리를 굽히면서도 정작 부딪칠 일이 오면 상대방이 '어마, 뜨거라' 할 만큼 단호하게 대응했으며, 이후로도 북위와 송, 그 뒤를 이은 제나라 사이에서 철저한 등거리 외교를 시행합니다. 여기서 '등'이란 한자로 '같다'는 뜻이지요. 등거리 외교란, 말 그대로 한 나라에 치우치지 않고 각 나라와 똑같은 거리를 유지하면서 중립을 지향하는 외교인 겁니다. 《삼국사기》에서 장수왕의 행적이 주로 대륙의 각 나라에 대한 '조공'으로 채워져 있는 것도 그 때문입니다.

이렇듯 장수왕은 북위와 대륙 남쪽의 왕조들 사이에서 화

5세기경 동아시아 지도

려한 외교전을 펼쳤습니다. 북위가 화북 통일에 바싹 다가서며 힘을 과시하자 장수왕은 일시적으로 북위와 외교를 단절합니다. 이럴 때 사용되는 동서고금의 외교 전략은 간단하지요. '적의 적은 동지다.'

장수왕은 북위의 북쪽에 있는 유목 민족의 나라인 유연과 유대를 강화했을 뿐 아니라, 남쪽의 송나라와 유연을 연결해 주기까지 합니다. 그러자 송나라 황제는 유연에 자신의 뜻을 잘 통역해 주었다며 장수왕을 칭찬했지요.

최강 군사력도 건드리지 못한 외교력

당시 북위는 이러지도 저러지도 못하는 상황에 빠져 있었습니다. 남쪽을 공격하려 들면 어김없이 유연의 기병대가 북쪽을 휩쓸었고, 유연을 치겠다고 몽골고원으로 군대를 진격시키면 남쪽의 한족 군대가 북위의 뒤통수를 쳤던 겁니다. 이는 북위가 대륙 통일을 이룰 수 없었던 근원적 한계이자, 장수왕과 고구려가 바라던 국제적 균형 구조였습니다. 이 구조를 유지하고 그 틈바구니에서 고구려의 이익을 찾기 위해 장수왕은 놀라울 정도의 변신도 서슴지 않았습니다.

이를테면 북위가 국혼, 즉 고구려의 공주를 북위의 왕가에 시집보내라고 처음 요구해 왔을 때, 장수왕은 허락하지 않았습니다. 북위는 북연이 멸망할 때에도 그와 같은 수법으로 북연 내부를 염탐하고 어지럽게 한 적이 있기 때문입니다.

하지만 세월이 흘러서 국제 정세가 안정된 뒤에 장수왕은 오히려 적극적인 혼인 정책을 펼칩니다. 위협이 되지 않는다면 가까이 있는 친구가 제일 좋은 친구가 될 수 있으니까요. 북위의 명군 효문제의 부인 문소황후가 바로 고구려 출신 고씨였습니다. 그래서 장수왕이 죽었을 때 효문제는 상복을 입고 동쪽 교외에 나아가 애도를 표하는 파격적인 예를 갖추었지요.

양쯔강 아래쪽 나라들, 즉 송나라나 제나라는 고구려를 북위 사신 다음으로 높게 대접했고, 북위 역시 송이나 제에 버금가는 예우를 고구려에게 베풀어 주었습니다. 사실 고구려의 당시 세력은 북위에 미치지 못했을뿐더러 송나라나 제나라에도 신하를 자청하며 고개를 숙였으나, 어느 나라도 고구려를 무시하지 못했고 비위를 거스르지 않으려 노력했습니다. 이는 고구려의 군사력에 더하여 그 탁월한 외교력 덕이었습니다. 북위와 송나라(이후 제나라)와 유연, 이 세 나라는 각자 매우 강성했지만 서로 치열하게 경쟁하는 관계였기 때문에 고구려와 동맹을 맺지 않을 수 없었던 거지요. 덕분에 고구려는 200년 가까이 그들과 큰 전쟁을 치르지 않을 수 있었습니다.

5세기 동북아시아는 가히 장수왕의 시대였다고 할 수 있습니다. 장수했다, 즉 오래 살았다는 뜻으로 나중에 붙여진 이름에 걸맞게 98세, 거의 한 세기를 살아 냈던 장수왕은 최강의 군주는 아니었으나 최선의 지혜를 발휘한 임금이었습니다. 고구려 역시 동북아시아의 최강자는 아니었으나 그 어느 강자들에게도 무시 당하지 않고, 그 모든 강자들로부터 자신의 편이 되어 달라는 간 청을 받는 핵심 국가로 발돋움했습니다. 그 비결은 무엇보다 자 신을 둘러싼 국제 정세를 정확히 이해하고, 누구에게 치우치지 도 매달리지도 않는, 초지일관의 의리보다는 상황에 따른 신속 한 대응을 추진했던 외교술이지 않을까요. 장수왕은 우리 역사 를 장식했던 외교의 천재 중 하나였습니다.

#동북아시아_종횡무진

사대외교?

일단 살고
볼 일

체면에 신경 쓰지 않고
한 가지 목표를 향해 돌진하는

ENTJ

2

나라의 생존 앞에
자존심은 사치

↓

603~661

신라의 제29대 왕

고구려, 백제, 신라, 삼국의 역사는 사뭇 흥미롭습니다. 만약 상상력이 풍부하고 필력이 뛰어난 작가가 우리 삼국 시대를 소설로 만들어 낸다면, 중국의 《삼국지》만큼이나 재미있는 작품이 나올 것이라고 믿습니다. 남아 있는 사료가 그다지 풍족하지 않고 유물·유적도 빈약하지만, 삼국이 수백 년 동안 엎치락뒤치락 서로 이어지고 끊어지며 치열한 전쟁을 치르거나 숨 가쁜 외교를 펼치는 모습, 그 사이에 뛰어든 인물들의 활약상은 실로 생생하고 역동적이기 때문입니다. 이 시대에 외교관으로서 나라들 사이를 누비며 자국의 이익과 생존을 위해 싸운 사람이라면 역시 태종무열왕 김춘추를 들 수 있습니다.

　김춘추를 본격적으로 소개하기에 앞서 김춘추 이전 신라의 역사를 짤막하게 돌아보겠습니다. 신라는 건국 이래 바다 건너 왜(倭)로부터 끊임없는 침략을 받았습니다. 그러던 중 400년(내물왕 45년), 왜국은 대규모 군대로 신라를 위협했고 내물왕은 고구려에 지원을 청합니다. 광개토왕은 5만 대군을 보내 왜군을 격파하고 가야 땅까지 휩쓸어 버리지요. 이후 신라는 고구려의 속국처럼 지내게 됩니다. 충청북도 충주에 남아 있는 고구려비에는 고구려 왕이 신라 왕에게 의복을 하사했고 신라 영토 내에 고구려군이 주둔하고 있었음을 암시하는 내용이 있지요.

그러나 신라는 점차 국력을 길러 고구려의 간섭에서 벗어납니다. 동북아 최강의 지위를 누리던 고구려 장수왕이 남하정

우리나라에 남아 있는 유일한 고구려비인 충주 고구려비

김춘추

책을 펴자 신라는 백제와 나제동맹을 맺어 맞서게 됩니다. 481년 고구려군이 소백산맥을 넘어 오늘날의 포항 지역까지 진군하여 신라가 절체절명의 위기에 처했을 때는 백제에 가야군까지 합세하여 막아 냈다고 하지요.

6세기 중반, 신라는 백제와 힘을 합쳐 고구려를 공격합니다. 백제는 한강 하류 지역을, 신라는 소백산맥을 넘어 한강 중상류 지역을 점령하지만 신라의 진흥왕은 백제의 뒤통수를 모질게 때리고 한강 유역 전체를 점령한 후 오늘날의 함경남도 지역까지 진출하는 정복 사업을 전개합니다. 이에 분노한 백제 성왕은 신라를 공격하다가 관산성 전투(554)에서 전사하고 말지요. 진흥왕은 실로 신라의 역사를 바꾼 영웅호걸이었습니다.

이 진흥왕의 뒤를 이은 이가 진지왕입니다. 그런데 진지왕은 왕위를 오래 지키지 못합니다. 《삼국사기》에는 별로 한 일 없이 일찍 승하한 것으로 나오지만 《삼국유사》에는 "정치가 어지럽고 문란하여 나라 사람들이 그를 폐위하였다"라고 기록돼 있습니다. 그 후 왕위는 진지왕의 조카, 진평왕에게 돌아갑니다.

진지왕이 폐위된 탓에 후손들이 성골에서 진골로 신분이 낮아졌다는 설도 있지요. 왕좌에 오를 수도 있었던 진지왕의 아들, 불운한 왕자 김용춘은 603년 아들을 보게 되는데 그가 바로 우리가 알아볼 김춘추입니다.

역시 그 집안은 어쩔 수 없군!

왕가의 핏줄이되 정치를 잘못해 나라 사람들에게 쫓겨난 왕의 손자. 이런 경우, 이런저런 견제와 눈총의 대상이 되기 십상입니다. 하지만 귀한 가문의 자제이면서 "말을 잘하고 잘생긴"(일본 역사서의 표현), 그리고 폐위된 왕의 후손으로서 눈치가 빠르고 처세에 능했던 김춘추는 외교관으로서는 더할 나위 없는 재능을 지니고 있었습니다. 마침내 그가 신라의 국경을 넘어 국제적으로 이름을 날릴 때가 찾아옵니다. 그러나 그 계기는 매우 비극적이었지요.

642년 백제 의자왕은 대군을 일으켜 신라를 공격해 삽시간에 40여 개 성을 함락시킵니다. 그리고 장군 윤충에게 명하여 신라의 요충지 대야성을 공략하지요. 대야성은 오늘날 경남 합천에 있는데 생활권은 대구에 속한다고 합니다. 즉, 대구나 경주쪽으로의 교통이 훨씬 편리하다는 것이지요. 백제가 소백산맥을 넘어 쳐들어왔을 때 이 대야성을 무너뜨린다면 신라의 수도 서라벌의 목을 죄는 것이나 다름없었습니다. 그래서 대야성은 수백 년 동안 치열한 격전지가 되지요.

백제 장군 윤충에 맞선 대야성주는 김춘추의 사위 김품석이었습니다. 김품석은 제대로 싸워 볼 생각도 하지 않고 항복하려 합니다. 윤충은 대야성이 항복한다면 살려 줄 것을 하늘의 해에 걸고 맹세했고 이에 김품석은 처자식을 거느리고 성문을 엽니다. 하지만 그건 함정이었지요. 백제군의 복병이 성 밖으로 나온 신라군들을 학살하기 시작하자 김품석은 아내와 자식들을 죽인 후 스스로 목숨을 끊습니다. 그리고 대야성은 속절없이 백제군의 손아귀에 들어가지요.

서쪽 국경 최대의 요충지 대야성이 함락됐으며 김춘추의 사위와 딸도 목숨을 잃고 그 머리가 잘려 백제로 실려 갔다는 소식은 온 서라벌을 뒤흔들었습니다.

김춘추도 어마어마한 충격을 받습니다. 《삼국사기》 기록에 따르면 '대청마루 기둥에 기대 서서 온종일 꼼짝하지 못하고 서

삼국시대 때 백제와 신라 서부 지방의 접경지대였던 대야성

서 사람들이 그 앞을 지나가도 알아보지 못했다'고 하니 일종의 공황 상태였던 것 같습니다. 거기에 명색이 '김춘추의 사위'가 임전무퇴臨戰無退의 화랑 정신을 저버리고 항복하려다가 비참하게 목숨을 잃었다는 사실은 김춘추에게 정치적인 타격까지 주었을 겁니다. 다들 이렇게 말했겠지요.

"역시 그 집안은 어쩔 수 없군!"

그에게는 계산이 있었다

이 국가적·개인적 위기의 막다른 골목에서 김춘추는 떨쳐 일어섭니다.

"아! 대장부가 되어 어찌 백제를 삼키지 못하겠는가?"(《삼국 사기》 신라본기)

자신의 처남인 김유신 장군이 동분서주하며 백제의 맹공을 막아 내고 있었습니다. 그러나 전선은 사방에서 펼쳐졌고 아무리 김유신이 명장이라도 몸을 몇 개로 쪼갤 수는 없었습니다. 어떻게든 백제를 견제할 대책을 찾아야 했는데 신라가 그나마 말을 붙여 볼 상대는 북쪽의 고구려였지요.

수백 년 전에는 신라가 고구려의 속국 노릇을 했고 진흥왕 때에는 고구려의 묵인하에 백제를 제압해 한강 유역을 점령하기도 했으니 고구려는 백제와 사뭇 다른 상대였습니다.

하지만 고구려는 소백산맥 이북의 땅을 신라에게 빼앗겼다고 여기고 있었고, 평강공주의 남편 온달 장군이 오늘날의 한강 유역을 되찾지 못하면 돌아오지 않겠다며 출정했다가 전사한 일도 있었으니 고구려를 설득하는 것 또한 엄청난 난관이었습니다. 하지만 김춘추는 고구려로 향하기를 결심합니다. 그에게는 계산이 있었습니다.

대야성이 함락되고 얼마 후 고구려에는 정변이 일어나 영류왕이 처참하게 살해되고 연개소문이 정권을 잡았습니다. 연개소문은 영류왕의 조카인 보장왕을 왕으로 세운 뒤 자신은 최고위직인 대막리지로서 나라를 통치하던 중이었지요. 이는 국내외적으로 엄청난 파문이었습니다. 중국 대륙에 자리잡은 왕조에 형식적으로나마 조공하고 책봉을 받는 것이 중국 주변 국가들의 상식이었던 만큼, 책봉받은 왕을 죽인다는 것은 기존의 국제 질서를 깨뜨리는 행위로 여겨질 수 있었던 것이지요.

아니나 다를까 당나라 태종은 영류왕의 죽음을 접하고 이를 명분 삼아 고구려 침공 계획을 세웁니다. 김춘추는 이때를 놓치지 않고 왕에게 이렇게 고합니다.

"신이 고구려에 군사를 청하여 백제에 원수를 갚고자 합니다."

매우 대담하지만 위험한 길이었습니다. 고구려 역시 신라와 적대한 지 오래이니, 신라를 도와 백제를 공격할 이유는 적었기 때문이지요. 거기에 자기네 왕도 '토막 내어 시궁창에 버린'(《삼국사기》) 연개소문에게 목숨을 잃을 수도 있었습니다.

김춘추는 김유신에게 자신의 비장한 각오를 얘기했고 김유신은 김춘추가 60일이 지나도 돌아오지 않는다면 고구려에 쳐들어가겠노라고 입술 깨물며 다짐합니다. 임진강을 건넌 김춘추는 곧 고구려 평양성에 도착합니다.

신은 죽을지언정 다른 것은 알지 못합니다

고구려의 실력자 연개소문은 김춘추를 직접 맞이합니다. 한국 역사에서 손꼽는 두 영웅이 한 테이블에 앉아 불꽃 튀는 외교전을 전개하는 순간이지요. 다급한 쪽은 신라였습니다. 김춘추는 이렇게 찌르고 들어갔을 겁니다.

"막리지께서 전 왕을 시해했으니 당나라 황제로서는 체면 때문에라도 막리지를 응징하지 않을 수 없을 것입니다. 당나라는 수나라와 다르고, 당나라 황제는 수 양제와 비할 바 아닌 명장 출신이니 당나라군이 국력을 기울여 쳐들어온다면 매우 힘든 싸움이 될 것입니다. 그럴 때 남쪽 국경이 조용해야 하지 않겠습니까. 고구려가 우리 신라와 동맹을 맺고 백제를 함께 친다면 그 후 우리는 고구려를 도울 것입니다."

그러면서 광개토대왕이 신라를 도운 역사나 진흥왕이 한강 유역을 점령할 때 고구려와 밀약을 맺고 백제를 격파했던 일을 끄집어냈겠지요.

> 백제가 신라와 군사를 합하여 고구려를 치자고 하니 진흥왕이
> 말하기를, "나라가 흥하고 망함은 하늘에 달려 있는데 만약 하늘이
> 고구려를 미워하지 않는다면 내 어찌 바라겠느냐." 하였다. 그리고
> 이 말을 고구려에 전하니 고구려는 이 말에 감동이 되어서 신라와
> 평화롭게 지냈다.
> ─《삼국유사》

연개소문은 느긋하게 연회를 베풀며 김춘추에게 말을 건넵니다.

"우리 태왕께 직접 고하시면 왕께서 답을 내리실 것입니다."

연개소문은 이렇게 한 발 빠집니다. 갓 왕이 된 보장왕의 위엄을 세워 주는 한편, 참혹한 정변을 치르고 출범한 정권의 정통성을 과시하려는 뜻이었지요. '우리의 위엄에 신라가 굴복해 왔다'고 알리는 셈입니다. 보장왕은 삼엄한 호위를 갖추고 김춘추 앞에 나타납니다. 고구려의 힘을 보여 주려는 의도였겠지요. 김춘추는 간곡히 말합니다.

"지금 백제는 무도하여 긴 뱀과 큰 돼지가 되어 저희 영토를

침범하므로 저희 임금이 대국의 군대를 얻어서 그 치욕을 씻고자 하옵니다."

'대국'이라는 표현을 쓴 것은 고구려의 우위를 인정하겠다는 뜻이지요. 하지만 보장왕이 꺼낸 요구는 황당했습니다.

"죽령은 본래 우리의 땅이니, 너희가 만약 죽령 서북의 땅을 돌려준다면 군사를 내줄 수 있다."

김춘추는 낯빛이 변했습니다. 이건 200여 년 전 신라가 소백산맥 아래 웅크린 나라였을 때로 돌아가라는 얘기였습니다. 김춘추도 세게 맞받아칩니다.

"태왕께서는 환란을 구원하여 이웃과 친선하는 데에는 뜻이 없으시고 단지 사신을 위협하여 땅을 돌려줄 것만을 요구하십니다. 신은 죽을지언정 다른 것은 알지 못합니다."

회담은 결렬되고 보장왕은 김춘추를 객관에 가두어 버립니다. 그렇게 시일이 지나자 신라의 김유신이 분통을 터뜨립니다. 김유신은 자신의 정예 부대를 이끌고 한강을 건너 고구려로 향하지요. 이 소식은 신라 땅에 있던 고구려 첩자들에 의해 평양성으로 전해집니다. 김유신이라면 연개소문도 익히 알고 있었습니다. 김춘추를 옥박질러 양보를 받아 내려다가 신라와 충돌한다면 고구려에 득이 될 일이 없었지요.

게다가 김춘추는 고구려의 관리로부터 '토끼의 간' 이야기

를 듣고 꾀를 냅니다. 신라로 돌아가서 보장왕의 명령을 전하고
따르도록 해 보겠노라 입에 발린 말을 한 것이지요. 말을 하는
김춘추나 듣는 보장왕이나 곧이곧대로 믿는 사람은 없었습니다.
단지 보장왕과 연개소문에게, 김춘추를 신라로 돌려보낼 명분이
섰을 뿐입니다. 물론 김유신이 군대를 이끌고 고구려를 향하지
않았더라면 이 명분은 아무 소용이 없었을 것입니다. 이렇듯 외
교는 무력과 떼려야 뗄 수가 없습니다. 무력 없는 외교는 공허하
고 외교 없는 무력은 어리석다고 할까요.

포기를 모르는 불꽃 남자

고구려에서 돌아온 김춘추는 647년에 바다 건너 왜국(일본)
으로 향합니다. 왜국 역시 역사적으로 신라와는 사이가 좋지 않
았고 백제와 긴밀한 유대 관계를 맺고 있었지요. 김춘추가 눈여
겨본 것은 일본의 정치적 격변 다이카 개신(大化改新, 646)이었습
니다. 왜국의 나카노오에 왕자가 오랫동안 정권을 쥐어 왔던 백
제계 호족 소가씨 가문을 타도하는 정변을 일으키고 전면적인
개혁을 표방한 사건입니다.

당시 신라는 일종의 국제적 포위망에 갇혀 있었습니다. 고
구려, 백제, 그리고 왜국까지도 신라에 적대적이었던 것이지요.
김춘추는 1년여 동안 일본에 머물면서 왜국과의 외교 관계를 조

율하고 돌아옵니다. 이때 김춘추에 대한 평가가 《일본서기》에 남아 있는데, "용모가 아름다웠으며 말을 잘했다"라는 것입니다. 이 여덟 글자에는 김춘추의 외교관으로서의 자질이 잘 담겨 있습니다. 신라에 호의적이지 않은 왜국 사람들에게도 호감을 주고 설득력이 넘치는 사람이었다는 뜻이니까요.

김춘추의 고구려행과 왜국행 모두 대담한 모험이었으나 실질적인 소득은 적었습니다. 하지만 그는 일본에서 돌아오자마자 당나라로 향합니다. 당시 세계 최강국이자 고구려를 공격했다가 패배한 뒤 절치부심하고 있던 당 태종의 나라. 국제적 고립 상태에서 벗어나기 위해 안간힘을 쓰던 신라로서는 가장 기댈 만한 언덕임과 동시에 가장 먼 나라였습니다. 오늘날 중국의 베이징에서 서안(당시 당나라의 수도 장안)까지 가려면 비행기로 두 시간이 걸립니다. 당시 신라의 수도 경주에서 출발한 김춘추가 장안까지 가는 길은 그야말로 험난했습니다. 당시의 항해 기술로는 서해를 가로지르기 어려웠고, 고구려 연안을 항해하다가 산둥반도에 상륙해야 했습니다. 거기서 장안까지도 수천 리 길이었으니 그 고생이 오죽했겠습니까.

그러나 김춘추는 그 고생을 마다하지 않습니다. 적어도 7세기에 김춘추만큼 동북아시아를 종횡무진 누빈 사람도 드물 것입니다. 그의 머릿속에는 오직 한 가지 생각밖에 없었습니다. '생존'. 신라가 망한다면 김춘추 역시 자신의 딸과 사위처럼 죽음을 면하기 어려웠을 테니까요.

당나라 13만 대군을 움직인 한 사람

당 태종은 김춘추를 극진히 환대합니다. 김춘추는 잘생긴 외모와 말솜씨를 활용해 당나라 사람들의 자긍심을 한껏 세워 주었습니다. 장안에서 김춘추가 우선적으로 한 일은 당나라의 교육기관 국학을 방문하는 것이었습니다. 당나라 문물과 교육에 경의를 표하면서 그들의 기를 살려 주는 한편, 당의 제도와 통치 이념을 받아들이겠다는 뜻을 내비친 것이지요. 김춘추는 한 술 더 떠서 "공자 석전대제釋奠大祭 의례를 보겠나이다" 하면서 유교적 교양을 드러내 당 태종을 흐뭇하게 합니다. 비유해 보자면, 중세의 아프리카쯤에서 바다를 건너온 이민족 지도자가 로마 교황 앞에서 중세 성경을 줄줄 읊어 대며 라틴어로 교황을 찬미한 것과 마찬가지이지요. 멀리 갈 것도 없이, 어느 나라 외교관이 우리말을 배워 "한강의 기적을 낳은 교육과정을 연구하고 싶습니다"라고 한다면 우리나라로서는 얼마나 친숙하게 느껴지겠습니까.

나아가 김춘추는 지금까지도 논란이 되고 있는 사대외교事大外交를 펼칩니다. 사대외교란, 크고 강한 나라를 섬기는 외교지요.

그때까지 써 온 고유의 연호를 당나라 것으로 바꾸는 것은 물론, 옷도 당나라 옷으로 입겠다고 약속했고, 자신의 아들을 인질 겸 외교관으로 당나라에 두고 왔지요.

김춘추는 신라의 생존을 위해서는 무슨 일이든 해야 했고, 생존의 위협 앞에서 자존심은 사치에 불과하다고 여겼습니다. 진덕여왕이 당나라를 찬양하는 노래를 비단에 직접 수놓아 바치는 굴욕까지도 서슴지 않았던 이유겠지요. 귀국길에 고구려 수군에게 적발되어 부하의 목숨을 희생시키고 구사일생으로 살아 돌아왔던 그로서 하지 못할 일이 무엇이었겠습니까.

당시 당나라의 숙적은 고구려였습니다. 수나라를 멸망시키고 당나라에게도 참패를 안긴 고구려는 결코 두고 볼 수 없는 눈엣가시였지요. 하지만 고구려의 힘을 빼기 위해서는 그 배후를 찌를 동맹국이 필요했습니다. 그런데 동맹을 자청하고 찾아온 신라의 김춘추는 당나라에 엉뚱한 요구를 합니다.

"백제를 먼저 없애 주신다면 신라가 당나라를 도와 고구려를 멸하겠습니다."

고구려를 치기 전에 또 하나의 전선, 생각해 본 적 없는 전쟁을 치러야 한다는 것이지요. 김춘추는 백제만 없다면 신라 국경에서 고구려 평양성은 멀지 않다는 점, 전투는 물론 보급도 가능하다는 사실을 어필했을 겁니다.

마침내 당 태종과 김춘추는 원칙적인 합의에 도달합니다. 백제와 고구려를 평정하면 패수 이남, 즉 대동강 이남의 땅은 신라가 가진다는 것이었습니다. 하지만 그 이후로도 당나라는 백제 원정을 망설였습니다. 백제는 신라의 적이었지, 당나라로서는 그리 신경 쓰이는 대상이 아니었으니까요. 그러나 고구려를 상대로 소규모 군대를 동원해 소모전을 펼치던 당나라는 점차 고구려의 배후를 위협하고 기나긴 보급로를 보완할 동맹국의 필요성을 절실히 느끼게 됩니다. 백제는 물론 백제와 손잡은 고구려까지 가세한 맹공에 허덕이며 신라는 계속 당나라에 구원 요청을 하고 있었고요.

마침내 660년 3월, 이제는 왕위에 올라 태종무열왕이 된 김춘추는 당나라 13만 대군의 산둥반도 출발 소식을 듣습니다. 642년 딸과 사위의 참혹한 죽음 이후 18년. 동북아시아 천지를 발이 부르트도록 돌아다니며, 일엽편주(一葉片舟, 한 척의 조그마한 배)에 몸을 싣고, 몇 번씩이나 죽을 고비를 넘기면서 얻어 낸 동맹군이 서해바다를 뒤덮으며 달려오는 모습을 상상하며 그는 어떤 표정을 지었을까요.

김춘추는 기어이 백제를 멸망시켜 필생의 뜻을 이룹니다. 그리고 고구려를 멸망시키고 신라까지 탐내는 당나라의 음모를 몰아내는 과업은, 역시 당나라에서 외교관으로 활약했던 아들

문무왕에게 넘긴 채 세상을 떠나지요. 우리 역사를 바꾼 외교관
의 죽음이었습니다.

다 내줄 줄 알았지?

민족사학자 신채호는 김춘추에 대해 '사대주의의 병균을 퍼
뜨렸다'는 평가를 내린 바 있고, 오늘날에도 많은 분들은 동족인
고구려와 백제를 치기 위해 당나라를 끌어들인 김춘추에게 매
우 날선 비판을 가하곤 합니다. 하지만 김춘추는 이렇게 반박할
지도 모릅니다.

675년 신라가 당과 결전을 벌인 매소성 전투 기록화

김춘추

"천년도 더 지난 뒤의 민족인지 무엇인지 때문에 신라는 망해야 했다는 것이냐?"

사실 당시 삼국 국민들 사이의 일체감이나 민족의식은 거의 없었다고 해도 무방합니다. 삼국은 죽기 살기로 싸웠고 상대방을 멸망시키기 위해 타국과의 동맹은 물론 군대까지 끌어들이는 데 거리낌이 없었습니다. 백제만 해도 북위에게 고구려를 함께 치자고 제안했고 수시로 왜국의 군대를 활용해 신라를 괴롭혔으니까요.

김춘추의 행동을 '사대주의'로 비판하는 것은 한편으로 타당해 보이지만 1,500년 전 김춘추나 신라인들로서는 납득이 가지 않는 이야기일 수 있습니다. 어쩌면 그는 백제 멸망을 앞둔 마지막 혈전 황산벌 전투를 다룬 영화 〈황산벌〉에 나오는 김유신처럼 반박할지도 모르겠습니다.

"강한 자가 살아남는 게 아니라 살아남는 자가 강한 것이다."

실제로 김춘추가 고구려 수군을 피해 도망가면서, 험한 바닷길에 죽을 뻔하면서, 중국 대륙을 횡단하면서 했음 직한 말이 아닐까요. 굴욕이든 사대든 당나라의 군대를 움직여 신라가 살아남을 수 있다면 그 이상의 승리는 없었을 테니까요.

또 신라가 당대의 슈퍼 파워 당나라에 허리를 굽혔을지언정 당나라의 꼭두각시로 전락하지 않은 것은 김춘추 이후의 역사가 증명합니다. 약속 위반죄로 신라 장수를 처형하겠다는 당나라 장군 소정방 앞에서 "먼저 당나라와 맞장을 뜬 다음 백제랑 상대하겠다"라고 외친 김유신의 결기, 백제·고구려 멸망 후 이루어진 신라의 당나라 축출 전쟁을 보면 알 수 있지요.

김춘추의 신라는 허리를 굽혔으나 비겁하지 않았고, 다 내준 듯하면서도 실리를 챙겼으며, 끝내 삼국통일을 이뤄 냈습니다. 적어도 그중 절반은 김춘추의 공이었습니다.

거란_소손녕_담판
외교관_롤모델

아무리 센 척해 봐라, 내가 겁먹나

침착하게 상대의 의도를 꿰뚫어 보고
과감하게 허를 찌르는

INTP

3

속내를 간파하고 '틈'을 노려라

↓

서희

942~998

고려의 문신

서양 사람들은 오랫동안 중국의 다른 이름으로 키타이^{Kitai} 또는 카타이^{Katai}라는 말을 써 왔습니다. 《동방견문록》을 쓴 마르코 폴로도 몽골 지배하의 중국을 카타이라고 불렀고요. 이 말의 어원은 '키탄^{Khitan}'입니다. 10세기에서 12세기 초까지 북중국을 지배했던 키탄, 즉 거란은 4세기 이후 동북아시아 역사에 등장하는데 처음에는 고구려나 주변의 이민족, 그리고 중국 왕조의 틈바구니에 낀 약소 민족이었습니다. 하지만 10세기 야율아보기라는 걸출한 인물이 나오면서 거란은 비약적으로 발전합니다. 926년 고구려의 뒤를 이은 발해를 멸망시킨 거란은 만주와 북중국, 몽골 일대까지 다스리는 대제국으로 성장하게 됩니다.

먼저 고려와 거란의 첫 접촉부터 이야기해 볼까요? 후삼국 시대부터 거란과 교류한 사실이 보이고 고려 태조 왕건도 거란

사절을 맞이한 적이 있습니다만, 942년 결정적으로 역사에 기록된 '만부교 사건'이 일어납니다. 그해 거란은 고려에 30명의 사신과 50마리의 낙타를 보내 왔는데 태조는 뜻밖에도 엄청난 분노를 터뜨립니다. 그는 거란의 사신들을 귀양 보내고 낙타들은 개경 안 만부교 밑에 매어 놓고 굶겨 죽여 버린 뒤, 거란을 이렇게 평가하죠.

"거란이 발해를 하루아침에 멸망시켰으니 매우 무도하다."

짐승의 나라, 강폭한 나라

실제로 태조 왕건은 거란을 공존해서는 안 될 나라로 여겼습니다. 태조가 자손들을 훈계하기 위해 942년에 지은 〈훈요 10조〉에 다음 조목들을 남긴 것을 보면 알 수 있죠.

거란은 금수의 나라이므로 풍속과 말이 다르니 의관제도를 본받지 말라.
– 〈훈요 10조〉 4조

또 이웃에 강폭한 나라가 있으면 편안한 때에도 위급을 잊어서는 안 되며,
– 〈훈요 10조〉 9조

태조의 심경은 이해가 가지만 외교적으로 보자면 이러한 조치는 바람직하지 않았습니다. 애써 적을 만든 셈이고, 필요 없는 적대감만 키운 격이니까요. 감정에 치우친 외교는 섣부른 전쟁만큼이나 위험한 법입니다.

거란은 점점 강대해졌고 고려에 바싹 다가섰습니다. 고려 제3대 왕 정종은 중대한 보고를 받습니다. 거란에서 벼슬하고 있던 최정윤이라는 고려인의 전갈이었지요. 최정윤은 최치원, 최승우와 함께 '삼최三崔'라 불리던 최언위의 아들이었습니다. 대륙의 후진後晉에 유학하러 가다가 거란의 포로가 됐으나 거란에서 그 능력을 인정받아 관직을 얻어 살고 있었죠. 그는 정종에게 거란이 분명히 고려를 침략할 것이라고 보고합니다. 이에 정종은 947년 30만의 광군光軍을 조직하여 거란에 맞서고자 합니다.

960년 중국 대륙에 송나라 왕조가 들어서자 고려는 사신을 보내 송나라와 관계를 맺습니다. 그리고 972년에 고려 제4대 왕 광종은 다시금 송나라에 사신단을 파견하게 되는데 그 단장으로 임명된 이가 당시 나이 서른의 서희였습니다.

'강 건너 불'에서 '발등의 불'로

서희는 경기도 이천 지역의 명문가에서 태어났습니다. 오늘날 이천 서씨의 시조로 여겨지는 서신일이 그의 할아버지이지요.

전설에 따르면, 서신일이 어느 날 사냥꾼에게 쫓기는 사슴을 구해 줬는데 꿈에 신선이 나타나 고마워하며 사슴이 자신의 자식이었노라 말합니다. 그리고 서신일의 자손이 대대로 재상에 오르리라고 예언하는데 실제로 서신일의 아들 서필, 그 아들 서희, 그 아들 서눌까지 재상에 오르는 영예를 누립니다.

서희의 아버지 서필은, 영특하면서도 의심 많고 잔인했던 광종에게도 직언을 할 수 있었던 몇 안 되는 신하 중 하나였습니다. 서희 역시 열여덟 살에 과거에 급제한 인재였고, 조정 안팎에서 신망을 얻었습니다. 나이 서른의 젊은이에게 외교사절단장 자리를 맡기다니 그 명망을 짐작할 만하죠.

서희가 이끈 고려 사신 일행은 송나라에 들어가 송 태조와 만납니다. 그러나 송 태조는 서희 일행을 그리 반가워하지 않습니다. 고려가 외교적 노력을 게을리하고 있다는 판단 때문이었지요. 당시 서희는 거란이 버티고 있는 육로 대신 바닷길로만 교류를 해야 하는 어려움을 조리 있게 설명하고 송 태조의 마음을 누그러뜨렸습니다. 기분이 좋아진 송 태조는 서희에게, 지금으로 치면 명예국방부장관이라 할 만한 검교병부상서 벼슬을 내리고 사신단들에도 높은 벼슬과 두둑한 선물을 내립니다. 이로써 서희의 외교 능력은 일찌감치 증명된 셈입니다.

그 후 976년 송나라의 제2대 황제 태종은 몸소 대군을 거느리고 전 왕조인 후주後周가 거란에 내준 연운 16주 회복을 위해 나아가지만 참패를 당하고 맙니다. 거란에 맞설 동맹군이 절실해진 송나라는 고려를 주목합니다. 고려와 연합하여 거란을 견제한다는 '연려제요連麗制遼'는 이후 오랫동안 송나라의 고려에 대한 정책 기조가 되지요.

10년이 지난 986년 고려에 온 송나라 사신 한국화는 대놓고 군사 동맹을 요구하는 송 태종의 편지를 내놓습니다.

경기 여주시에 있는 서희장군묘의 문인석상

속내를 간파하고 '틈'을 노려라

이제 군사를 독려하여 오랑캐를 섬멸하고자 한다. … 고려왕은 오랫동안 중국의 풍속을 사모하고 항상 밝은 계책을 지녔으며 충성스러운 절개를 본받고 예의의 나라를 편안케 하여 왔다. 그런데 거란의 변경에 인접하여 침략을 당하곤 하였으니, 쌓인 울분을 씻을 기회는 바로 지금이노라. 송과 고려가 함께 거란을 평정하자.

−《송사》 권487 열전246

하지만 고려는 송 태종의 군사 동맹 및 합동 작전 요구를 교묘히 피합니다. 연호를 써 주는 등 그 정통성을 인정하고 동맹을 자처하되 송나라를 위한 전쟁에 끼어들지는 않겠다는 뜻이 굳건했으니까요.

그런데 같은 해 거란은 발해의 유민들이 세운 정안국을 멸망시키고 맙니다. 압록강 중류와 남만주 일대에 자리잡고 반세기가량 존속하며 고려와 거란 사이의 방파제 역할을 해 준 정안국이 사라졌으니 고려로서는 거란의 위협이 더 이상 '강 건너 불'이 아니게 된 것이지요.

협박에서 타협의 기미를 읽어 내다

당시 청천강 이북에서 압록강에 이르는 지역은 여진족이

장악하고 있었습니다. 북진 정책을 쓰던 고려는 여진족을 회유하기도 하고 정벌하기도 하면서 압록강 일대까지 진출하려 애썼지만 그곳에 먼저 군사 기지를 확보한 것은 거란이었습니다.

송나라가 고려를 동맹으로 끌어들이려고 노력하는 것을 유심히 지켜보던 거란은 고려와 송이 군사 동맹을 맺지 않는다 해도 고려를 그냥 둘 수 없다는 결론에 도달했지요. 거란 황제 성종은 먼저 고려를 떠 보려고 사신을 보내 화의를 요청하지만 고려의 반응이 없자 전쟁을 결심합니다.

993년 5월, 압록강 일대에 퍼져 살던 여진족이 거란의 침공을 예고해 옵니다. 고려 조정은 이 말을 믿지 않습니다. 여진족을 신뢰할 수도 없었거니와 '설마?' 하는 마음이 컸을 겁니다. 예나 지금이나 '설마'가 사람을 잡는 법이죠. 석 달 뒤 거란이 이미 군대를 움직이고 나서야 고려 조정은 전쟁이 코앞에 닥쳐왔음을 인정하고 준비에 나서게 됩니다.

10월, 소손녕이 이끄는 거란의 80만 대군은 압록강을 넘어 오늘날의 평안북도 땅을 가로질러 고려 영토에 들어옵니다. 고려 임금 성종은 시중 박양유를 상군사로, 내사시랑 서희를 중군사로, 문하시랑 최량을 하군사로 임명하고 군대를 통솔하게 한 후, 자신도 서경(평양)을 거쳐 안북부(오늘날의 안주)까지 몸소 나아가 고려군을 독려합니다.

그러나 거란의 '80만 대군'의 위력은 컸습니다. 거란군은 청천강 이북의 고려 요새 봉산성을 단번에 깨뜨렸고 고려군 선봉장을 포로로 잡아 버렸지요. 성종은 최전방 안북부에서 서경으로 내려갈 수밖에 없었습니다. 기세를 올린 소손녕은 오만한 편지를 보내 항복을 요구합니다.

"우리나라가 이미 고구려의 옛 땅을 다 차지하였는데, 지금 너희 나라가 변경 지역을 침탈하였으므로 토벌하러 온 것이다. … 우리나라가 사방을 통일하였으니 아직 스스로 복종하지 않은 나라는 기필코 소탕할 것이다. 속히 항복하여 오래 머무르지 않도록 하라."

그런데 이 내용을 본 서희가 왕 앞에 나아가 아룁니다.

"싸움을 끝낼 기미가 보이옵니다."

서희는 이 기세등등한 협박 서한에서 어떻게 강화의 기미를 발견해 낸 것일까요. 서희의 말을 들은 성종은 즉시 감찰사헌 이몽전을 거란 진영으로 파견합니다. 이몽전을 맞은 소손녕은 또 한 번 큰소리를 칩니다.

"너희 나라는 백성들의 일을 돌보지 않으니, 이 때문에 삼가 천벌을 주려는 것이다. 만약 싸움을 멈추고자 한다면 마땅히 속히 나와서 항복해야 할 것이다."

승패는 강약이 아니다

이몽전이 돌아오자 고려 조정에서는 격론이 벌어집니다.

"80만 대군이라면 도저히 상대할 수 없습니다. 임금은 개경으로 돌아가시되 중신들이 항복을 청하도록 합시다."

임금이 무릎을 꿇을 수는 없으니 신하들이 대신 항복을 청하는 걸로 마무리짓자는 의견이었죠. 나아가 땅을 떼어 주자는 주장도 나옵니다.

"서경 이북의 땅을 나누어서 저들에게 주고, 황주에서부터 절령까지의 선을 국경으로 삼음이 옳을 것입니다."

이는 아예 통일신라 시대의 국경으로 되돌아가자는 얘기였습니다. 고려 태조 왕건이 새롭게 개척하고 북진의 기지로 삼았던 서경(평양)과 오늘날의 평안남도 일대까지 몽땅 포기하자는 것이지요. 임금도 자포자기에 빠집니다.

"차라리 땅을 갈라 주도록 하자. 그럼 이 서경의 창고 그득한 식량들이 모두 적의 것이 될 것이다. 모두 강물에 빠뜨려 못 쓰게 하라."

이때 서희가 만류하고 나섭니다.

"식량이 충분하면 곧 성을 지켜 낼 수 있으며, 전투도 승리할 수 있습니다. 병사들의 승부는 강하고 약함에 달린 것이 아니라 다만 틈을 잘 보아 움직이는 것일 뿐이니, 어찌 경솔하게 버리게 할 수 있겠습니까."

여기서 서희의 말, '승부는 강하고 약함에 달린 것이 아니라 틈을 잘 보아 움직이는 것'이라는 말에 주목해 보시기 바랍니다. 즉, 거란군이 강하고 고려군이 약하다 해서 승패가 갈리는 것은 아니라는 말입니다. 상대의 허점과 우리의 강점을 파악하여 상대의 약한 고리를 치고 나간다면 의외의 결과가 나올 수 있다는 뜻이지요. 우리가 약하다고 지레 포기한다면 상대의 틈을 볼 여지 또한 사라지는 것입니다. 공격이 최선의 방어라는 말도 있지만 주먹을 휘두른 사람의 옆구리는 비게 마련이죠. 서희는 그 '틈'을 이야기하기 시작합니다.

"거란의 동경으로부터 우리의 안북부에 이르기까지 수백 리 땅은 모두 여진족이 살던 땅으로 광종께서 그곳을 점령해 가주, 송성 등의 성을 쌓았던 것입니다. 지금 거란병이 침입하여 온 것은 그 두 성을 빼앗겠다는 뜻일 터인데 그러면서 말로는 고구려의 옛 땅을 취하겠다고 하니 이는 실제로는 우리를 두려워하는 것입니다."

사실 거란의 수도 동경, 즉 오늘날의 랴오양 남쪽과 고려의 최전방 안북부 사이는 여진족이 주로 살던 지역으로, 고려도 거란도 자기네 땅이라고 우기기 어려웠습니다. 서희는 이번 거란 침공의 의미가 고려를 정복하거나 속국으로 삼겠다는 의도보다는 자신의 영향력 아래 두고 송과 연락을 끊도록 하겠다는 속내에 있음을 간파한 겁니다.

서희는 80만 대군이라면 손쉽게 고려군을 격파할 수 있는데도 청천강을 건너지 않고 구태여 항복만 요구하는 모습에서 거란군의 '틈'을 발견한 겁니다. 실상 '80만 대군'은 소손녕의 과장이었을 뿐, 그 10분의 1도 안 되었을 것이라는 게 현대 역사가들의 추정입니다. 나아가 서희는 땅을 떼어 주거나 섣불리 항복했을 때 벌어질 사태에 대해 지적합니다.

"삼각산 이북 지역 또한 고구려의 옛 땅입니다. 골짜기는 채우기 쉬워도 사람의 마음은 채우기 어렵다고, 저들이 끝없이 욕심을 낸다면 다 줄 수 있겠습니까."

삼각산, 즉 오늘날 서울 북쪽 역시 고구려 땅이었으니 그것도 내놓으라면 어떻게 하겠냐는, 에두르지 않고 내지르는 질문이었습니다. 속내는 이랬겠지요.

'그렇다면 개경 역시 거란 땅이 될 수 있는데 그렇게 하자는 말이오?'

'칼과 창' 아닌 '말과 논리'의 싸움

조정에서 갑론을박을 하고 있을 즈음, 청천강 건너 고려 요새 안융진에서 승전보가 들려옵니다. 이몽전이 돌아간 뒤 고려 조정의 답이 없자 소손녕은 한 번 더 고려의 기를 꺾어 줘야겠다 생각하고 안융진을 공격했습니다. 안융진을 지키던 대도수는 발해 왕자 대광현의 후손이었지요. 대도수 휘하의 발해 유민들이 주력을 이뤘을 것으로 보이는 수비군은 거란의 드센 공격을 끝끝내 막아 냅니다. 거란군의 실체가 드러나는 순간이었지요. 작은 성 하나 빼앗지 못하는 80만 대군이라니요.

소손녕은 다른 지역을 공격하기는커녕 한발 물러서서 "대신을 내게 보내 항복케 하라!"라는 서한만 계속 보냅니다. 서희는 확신이 서죠. 저쪽도 협상을 원한다! 나아가 소손녕을 누가 상대할 것인가 묻는 성종에게 서희는 서슴없이 답합니다.

"소신이 나가 보겠습니다."

청천강을 건넌 서희는 곧 소손녕과의 역사적인 담판을 시작합니다. 우선은 기싸움부터 시작됐죠. 소손녕은 서희에게 대국의 귀인에게 절을 하라고 억박지릅니다. 그러나 서희는 맞받아 소리칩니다.

"신하가 임금을 대할 때 뜰에서 절하는 것은 예법에 있으나, 양국의 대신이 만난 자리에서 한쪽만 절하는 경우는 없습니다!"

소손녕은 그의 협박 서한에서부터 서희에게 약점이 잡혔다고 보아야 합니다. "속히 항복하여 오래 머무르지 않도록 하라"라는 말에서 서희는 '항복'보다는 '속히'에 방점이 찍힌 것을 간

파했고, 빨리 전쟁을 걷고 돌아가고픈 소손녕의 내심을 읽은 겁니다. 급기야 서희는 협상장을 박차고 숙소로 돌아가 버립니다. 시간 끌기 전략이었지요. 급해진 소손녕은 동등한 자격으로 서희와 마주하는 데 동의합니다. 이제 칼과 창이 아니라 말과 논리로 싸워야 하는 외교전이 벌어집니다. 그런데 소손녕은 또 이렇게 윽박지릅니다.

"귀국은 신라 옛 땅에서 일어났고 우리는 고구려 땅에서 일어난 나라요. 당연히 옛 고구려 땅은 우리 땅인데 당신들이 야금야금 침범하고 있소."

옛 고구려와 신라 국경으로 돌아가자는 소리였지요. 그러나 서희는 한마디로 소손녕을 얼어붙게 합니다.

"우리는 나라 이름부터 고려입니다만."

고구려는 대개 장수왕 이후에는 나라 이름을 '고려'로 불렀으며 중국 사람들도 고구려와 고려를 섞어 써 왔습니다. 즉, 거란이 어느 땅에서 일어났건 고(구)려를 이은 건 고려여야 하지 않겠습니까. 여기서 서희는 한술 더 뜹니다.

"고려를 이은 나라로 말하자면 귀국의 수도도 우리 땅이 돼야 하는데?"

말문이 막힌 소손녕은 서둘러 본론으로 넘어갑니다. 서두르는 사람은 언제나 약점을 노출하게 마련이지요.

"우리와 영토를 맞대고 있으면서 왜 바다 건너 송나라와 통교하는 거요. 그래서 우리 대국이 움직인 거요. 이제 영토를 나누어 바치고 조빙의 예를 취한다면 무사할 수 있을 것이오."

조빙의 예란, 신하가 조정에 나아가 임금을 만나고 나라와 나라 사이에 서로 사신을 보내는 것을 말합니다. 즉, 고려가 거란을 큰 나라로 모시고 교류를 해야 한다는 뜻이지요. 소손녕은 그렇게 자신의 출병 이유와 전략적 목표를 고스란히 토해 놓고 말았습니다. "영토를 나누어 바치고"는 이른바 '그냥 한번 던져 보는 소리'일 뿐, 핵심은 송나라와의 통교를 차단하고 고려를 거란의 영향력 아래 잡아 놓는 것이라고요.

서희는 21년 전 송 태조 앞에서 고했던, '바다가 가로막아 교류가 어렵다'는 이야기를 단어만 바꾸어 다시 전개합니다.

"압록강 안팎도 역시 우리의 영역인데, 지금 여진이 그 사이를 탈취하고 교활하게 변덕을 부리고 있습니다. 길이 막혀 통하지 못하는 답답함이 바다 건너는 것보다 더 심하니, 조빙이 통하지 못하는 것은 오로지 여진 때문이지요. 만약 여진을 쫓아내고 우리의 옛 땅을 되찾고 성과 보를 쌓고 길이 통하게 한다면 어찌 조빙의 예를 갖추지 않겠습니까."

즉, 거란과 고려 사이에서 살고 있는 여진족 때문에 길이 막힌다는 핑계를 댄 겁니다. 기록에는 나오지 않습니다만 소손녕은 아마 이런 식으로 반색했을 겁니다.

"여진족만 없다면 우리에게 조빙하겠다는 말이오?"

"당연하지 않겠습니까. 우리 사신이 마음대로 압록강을 건널 수 있게 되면 가까운 거란과 통교하지 않을 이유가 뭐겠습니까. 지금까지는 정말 여진족 때문에…"

"그럼 고려가 여진족을 몰아내고 길을 닦으면 되지 않겠소."

"압록강 언저리 땅을 우리가 차지한다면, 그걸 대국(거란)이 용납하고 도와주신다면 고려가 대국에 조빙하는 탄탄대로가 뚫리겠지요."

"그럼 그렇게 하시면 되겠소."

소손녕은 회담 합의 내용을 거란 황제 성종에게 띄웁니다. 거란 황제 역시 전쟁의 목적이 고려를 정복하는 것이 아니었던 터라, 조빙을 약속했다는 데에 만족합니다. 또 거란과 고려 사이의 여진 또한 성가신 존재였던 바, 고려와 함께 여진을 협공할 수 있다면 거란에게도 좋은 일이라 여겼습니다. 거란 황제는 소손녕에게 말머리를 돌려 돌아오라고 명령합니다.

천년의 귀감이 된 외교관

소손녕은 마치 전쟁에서 승리한 듯 기뻐합니다. 7일 동안 서희를 위해 잔치를 베풀고 동맹 기념으로 낙타 열 마리, 말 백 필,

양 천 마리를 선물로 남길 정도였습니다.

그리고 고려는 거란의 눈치 볼 것 없이 오늘날의 평안북도 일대와 압록강 하류 지역의 여진족을 몰아내고 성을 쌓고 요새를 만들어 군대를 주둔시킬 수 있게 됐습니다. 고려 임금과 조정도 환호했지요. 그러나 서희는 여기서 만족하지 않습니다. 자신은 거란에게 압록강 '안팎'의 여진족 땅을 얘기했으니, 압록강 너머까지 진출하여 고려 영토로 만든 뒤에 거란에 사신을 보내도 늦지 않는다고 임금에게 건의한 거죠. 하지만 전쟁을 치른 성종 임금은 너무 오래 조빙하지 않으면 후환이 두렵다며 박양유를 거란에 사신으로 파견합니다.

전쟁 1년 후인 994년 거란과 고려는 동시에 여진을 압박하

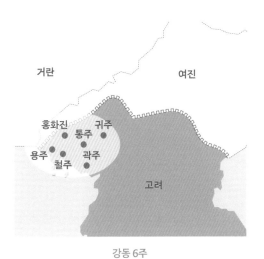

강동 6주

서희

강감찬의 귀주대첩 기록화

기 시작합니다. 고려는 군대를 동원해 압록강 동쪽, 즉 오늘날의 평안북도 서부 지역을 장악하고 여기에 강동 6주, 즉 흥화진·용주·통주·철주·귀주·곽주를 비롯한 수십 개의 요새를 건설합니다. 서희는 이 원정과 요새 건설의 주역을 맡게 됩니다. 자신이 외교적 승리로 따낸 영토를 완전히 고려의 것으로 만드는 데에도 지대한 공헌을 세운 거지요.

이 지역은 훗날 고려의 생존에 결정적인 도움을 주게 됩니다. 최강의 요새들로 변모한 강동 6주가 거란과의 전쟁에서 거란에게 엄청난 피해를 입혔던 것이지요. 거란의 2차 침공 때 흥화진을 지키던 양규를 비롯한 강동 6주의 고려군은 전설적인 활약을 펼치며 거란군의 배후를 괴롭혔고, 3차 침공 때 거란군이 고려의 강감찬에게 괴멸적인 패배를 당한 것도 바로 귀주성 근처 벌판이었습니다.

외교관 서희는 압도적으로 강력해 보이는 적 앞에서도 상대의 허와 실을 꿰뚫어 보았으며, 그 오만함에서 틈을 찾고 큰소리 속에 숨은 두려움을 포착해 냈습니다. 그리하여 상대에게 커다란 만족감을 선사함과 동시에 나중에 그들이 땅을 치고 후회할 만한 알짜배기 땅을 고려가 마음 놓고 차지할 수 있게 했지요. 명신 서희의 동상은 오늘날 국립외교원에 우뚝 서서 천년 뒤의 후배들에게 큰 울림을 주고 있습니다.

과거에 연연하지 않고
현재 조직 문제 해결에 집중하는

INTJ

출신에 매이지 않은
타고난 외교관

↓

설장수

1341~1399

고려 말부터 조선 초의 문신

여러분, '위구르족'에 대해 들어 봤나요? 오늘날 중국 서북쪽의 신장웨이우얼 자치구에 주로 거주하고 있는 이들이 본격적으로 역사에 등장한 것은 서기 8세기, 당나라를 휘청거리게 한 안사의 난(755) 이후입니다. 안사의 난은 '안'록산과 '사'사명이라는 자가 앞장서 일으킨 반란인데요. 당나라 왕 현종이 피난을 떠나고 반란군에게 수도 장안을 점령당했을 때, 반란군 진압을 위해 끌어들인 이민족이 바로 위구르족이었습니다.

이들은 당나라를 도우러 왔으면서도 당나라가 사실상 빈껍데기인 것을 알고는 오히려 대도시를 약탈하고 백성들을 학살하는 난동을 부렸습니다. 술에 취한 위구르 사신이 당나라 태자에게 위구르 춤을 춰 보라고 요구하다가, 이를 제지하고 나선 당나라 관리를 몽둥이로 때려서 죽일 정도로 안하무인이었지요.

하지만 위구르족의 나라는 곧 쇠퇴했습니다. 대신 위구르인은 몽골 제국이 세계를 호령하던 무렵에 기술자, 외교관, 행정 관료 등으로 활약하게 됩니다. 이들을 '색목인^{色目人}'이라 부르는데, 여러 종류의 다양한 사람이라는 뜻이지, 한자 그대로 눈동자 색깔과는 관계가 없답니다.

위구르인들은 우리나라와도 인연이 적지 않습니다. 몽골 공주가 고려에 시집올 때 수행원으로 오기도 했고, 몽골 정부 관리로서도 자주 찾아와 고려 사람들 속으로 스며들었으니까요.

이를테면 우리나라 덕수 장씨의 시조 장순룡(1255~1297)도 위구르인이었습니다. 무엇보다 고려 말부터 조선 초까지의 격동기에 엄청난 활약을 펼친 위구르족 출신의 외교관도 있습니다. 바로 설장수라는 사람이지요.

무너져 가는 원나라에서 낯선 땅 고려로

13세기 초반, 칭기즈칸이 세계 정복에 나설 즈음, 위구르족 에렌 테무르는 재빨리 몽골에 투항합니다. 그리고 칭기즈칸 막냇동생의 스승이 된 덕분에, 그 가족은 몽골족이 세운 원나라에서 상당한 정치적 지위를 누리게 되지요. 그 손자 대에 이르러서는 중국 강남으로 이주하는 한편, 한족 문화를 적극적으로 받아들여 '설'이라는 성씨를 사용하기 시작합니다. 위구르족의 발상

지인 설연하(세렌가강)에서 따온 것이었지요.

　그 후 중국 강남의 명문가로 이름을 날린 설씨 가문은 많은 인재를 배출했는데, 그중 설백료손이라는 이는 원나라 황태자 교육을 맡게 됩니다. 그리고 고려의 왕자로서 황태자 곁에 머물던 강릉대군과 주변 고려인들과도 폭넓게 사귀게 되지요.

　14세기 중엽이 되자, 영원할 것 같던 몽골족의 제국 원나라도 무너져 내리기 시작했습니다. 각지에서 반란이 일어났고 나라는 혼란에 빠졌습니다. 그중에서도 붉은 두건을 머리에 두른 반란군, 이른바 홍건적은 고려를 두 번이나 침공하는 등 기세가

중국식 의복을 착용한 위구르 왕자들의 모습을 담은 동굴 벽화

등등했습니다. 당시 원나라의 대령(오늘날의 산둥반도 지역)이라는 곳에 머물던 설백료손은 홍건적의 위협이 다가오자 가족들을 불러 모아 선언합니다.

"나는 고려로 가려 한다."

가족들은 서로 얼굴을 마주 보며 당혹스러워합니다. 하도 반란군이 기승을 부리니 황제가 있는 수도라고 안심할 수는 없고, 어디든지 피난을 가야겠다고는 생각했지만 수천 리 동쪽의 고려라니. 말도 안 통하고 풍습도 전혀 다른, 심지어 생김새조차 다른 사람들이 사는 나라에 가는 것도 만만치 않은 일이지만 갔다가 돌아올 일도 아득했습니다. 누군가 조심스럽게 물었습니다.

"그럼 얼마나 머무르실 것이온지."

설백료손은 정색을 하며 대답했습니다.

"친하게 지냈던 강릉대군 빠이엔 티무르(공민왕의 몽골식 이름)가 고려 왕으로 계시지 않느냐. 그분께 우리를 맡길 것이다. 원나라가 큰 나라라고 하지만 이미 기울었다. 여기 있으면 무너지는 기둥과 서까래에 깔려 죽을 뿐이다. 우리는 돌아오지 않을 것이다. 고려에 뿌리를 내리고 살 것이다. 가능한 한 빨리 떠날 채비를 갖춰라. 그리고 주변의 고려 사람들을 어서 찾아 고려 말을 익히도록 해라."

사실상 피난이 아닌 망명이었습니다. 묵묵히 듣고 있던 열

아홉 살 장남, 설장수가 말문을 엽니다.

"빨리 준비하도록 하겠습니다. 저도 고려 말은 익숙하지 않으나 틈나는 대로 익히겠습니다."

설장수의 가족은 홍건적을 비롯한 반란군 지역을 돌파해 만리장성을 넘고 압록강을 건너 고려에 들어오는 데 성공했습니다. 설백료손은 국경 지역의 고려 관리에게 신분을 밝히고 임금에게 자신들의 도착 사실을 알려 달라고 청했습니다. 몽골 말에 익숙한 고려 관리가 많았기에 의사소통은 크게 어려움이 없었지만, 설장수는 아직은 어눌할망정 고려 말을 쓰며 고려 사람들과 대화를 나누었습니다.

"우리 아버님은… 고려 국왕 전하의… 스승님이셨습니다."

놀랍게도 설장수는 그새 고려 말을 어느 정도 쓸 수 있게 되었지요. 그는 몽골어와 위구르어, 그리고 중국어를 두루 잘할 만큼 언어적 재능이 뛰어났습니다.

몽골 말투 쓴다고 무시당한 고려의 대학자

공민왕은 설장수 가족의 고려 입국을 크게 환영했습니다. 설백료손과의 옛 추억을 떠올리며 반가워했고 집과 땅을 주어 정착하도록 도와주었지요. 덕분에 설장수는 고려인으로서 고려 말부터 조선 초에 이르는 격동기를 헤쳐 나가게 됩니다.

설장수는 고려 망명 4년 만에 문과에 급제했습니다. 그의 아버지가 돌아가셔서 상중이었지만 공민왕은 '서역인은 유교의 예를 지키지 않아도 된다'며 설장수를 과거에 응시하게 했지요. 그만큼 설장수의 능력을 눈여겨보고 있었다는 뜻입니다.

당시 국제 정세는 대륙의 주인이 뒤바뀌는 전환기였습니다. 100여 년이 넘게 중국을 지배해 온 몽골족의 원나라는 급격히 쇠퇴하고 남쪽에서 일어난 한족의 왕조 명나라에 의해 몽골고원으로 쫓겨났습니다. 하지만 원나라 왕조 자체는 이어지고 있었지요. 고려로서는 대륙의 새로운 지배자 명나라에 고개를 숙이면서도 북원北元, 즉 옛 본거지로 쫓겨난 원나라와도 관계를 유지해야 했습니다. 명나라로서는 고려의 행동이 마음에 들 리 없었지요. 게다가 성격 괴팍하기로는 중국 역사에서도 손꼽을 만한 황제였던 명 태조 주원장은 고려에 대한 경계의 눈길을 거두지 않았습니다.

명나라는 고려에게 무리한 공물을 요구하며 횡포를 부렸습니다. 그 가운데 하나는 몽골족 북원의 기병대에 맞설 수 있는 말을 내놓으라는 것이었습니다. 고려가 준 말들을 끌고 들어가던 명나라 사신 채빈이 고려의 호위 무사에게 살해당하는 일이 일어났고, 친명 정책을 쓰던 공민왕은 곁에 두고 부리던 시종들에게 암살당했습니다. 우왕이 공민왕의 뒤를 이은 뒤에 그 후견인 노릇을 하던 이인임은 보수파로서 북원과의 교류를 강화했고, 이는 명나라의 비위를 잔뜩 긁어 놓습니다.

"사신까지 죽이더니 고려 너희가 몽골 놈들하고 붙어 장난을 치는구나."

중국 대륙을 차지한 명나라에 등을 돌릴 수 없던 고려는 또

고려 말의 대표적인 성리학자 이색의 초상

분주히 사신을 보내 비위를 맞춰야 했습니다. 어떨 때는 고려 사신 입국 금지령이 내려지기도 했고, 온갖 트집을 잡는 명나라 황제에게 곤욕을 치르기도 했습니다. 바다 건너 명나라 남경으로 향하던 사절단이 풍랑을 만나 떼죽음당하는 일도 있었습니다. 정몽주나 그 스승이라 할 이색도 명나라에 간 적이 있었으니 당시 고려의 인재들이 총출동했음을 알 수 있지요.

이색이 명나라에 사신으로 갔을 때의 일입니다. 이색은 열 살 때부터 아버지를 따라 원나라 수도에서 공부했고 현지인에게 교육도 받은 '조기유학생' 출신이었습니다. 또 원나라 한림원에서 벼슬살이도 했습니다. 당연히 중국어에는 자신이 있었겠지요. 이색을 맞은 명 태조 주원장이 이색에게 말을 겁니다.

"그대는 연경(원나라 수도)에서 벼슬살이도 했다지. 여기에 왜 왔는지 중국어로 한번 얘기해 주겠나."

이색이 뭐라고 대답하자 주원장은 도무지 알아듣지 못하겠다는 표정을 짓습니다. 보다 못한 명나라 관리가 "이런 뜻인 것 같습니다"라고 거들어 주자 주원장은 낄낄대고 웃기 시작합니다.

"그대 발음은 나하추하고 비슷하구만."

나하추는 만주 지역에서 활약했고 고려의 이성계가 이끄는 군대와도 전투를 벌였던 몽골 장수였습니다. 즉, 주원장은 "네 중국어는 몽골 놈하고 비슷하여 도무지 못 알아듣겠다"라고 타박한 것이었습니다. 원나라에서 벼슬살이까지 한 이색의 중국어가 모자랐다기보다는 오늘날 북경 지역의 중국어와 양쯔강 아래의 강남 지역 중국어가 서로 다르듯 언어 차이가 컸을 가능성이 크지만 고려의 대학자로 명망 높았던 이색은 여지없이 망신을 당하고 말았습니다.

설장수의 시대가 오다

이런 형편에서 단연 두각을 드러낸 인물이 설장수였습니다.

"설장수 공은 중국 강남에서도 살았던 적이 있지요? 강남 사람들이 쓰는 중국어 잘하오?"

"어릴 적 자라면서 쓰던 말인데 그걸 모르겠습니까. 중국 천지에서 말이 안 통한 적은 없습니다."

"아이고, 이번에 명나라에 사신으로 가 주셔야겠소. 당최 강남 중국어가 되는 사람이 없어서! 황제는 까다롭기만 하고! 도와주시오, 설 공."

이후 설장수는 고려를 대표하는 외교관으로 뻔질나게 명나라를 드나들게 됩니다. 그는 특출한 언어 실력 말고도 또 하나의 엄청난 강점이 있었습니다. 그의 삼촌 설사는 원나라에서 계속 살다가 명나라에 항복해 이부상서와 예부상서라는 높은 관직에 오른 사람이었습니다. 예부에서는 외교도 관장했으니 설장수는 명나라의 외교부 장관급 인물을 삼촌으로 둔 셈입니다. 이렇다 보니 고려로서는 그야말로 보물 같은 외교관 한 명을 보유한 셈이 됐습니다.

1387년 설장수는 두 가지 어려운 임무를 띠고 명나라에 파견됩니다. 첫째는 30여 년 전 홍건적의 난을 피해 고려로 피난 온 심양 군민들을 돌려보내라는 요구를 거두어 달라는 것이었습니다. 명나라가 원나라의 계승자임을 자처하며 그 옛 땅에 살던 주민들도 자신의 백성이니 돌려보내라고 우겼기 때문입니다. 하지만 그 수가 4만여 호, 20만여 명이었으니 고려로서도 호락호락 들어줄 수 없었습니다. 무엇보다 설장수 본인이 홍건적을 피해 고려로 온 사람이지 않습니까.

"당시 고려에 온 중국인들은 모두 돌아갔사옵고, 나머지는 원래 요동에 거주하고 있던 고려인이 돌아온 것이옵니다."

위구르족 출신으로 이목구비가 고려 사람과 다른 설장수가 유창한 강남 중국어로 상황을 설명하자 괴팍한 주원장도 시비를 걸지 못했습니다. 그의 마음이 누그러지는 틈을 타서 설장수는 두 번째 임무를 꺼냅니다.

"홍무3년(1370년)에 폐하께서 고려 왕을 책봉하여 주시며 우리 국왕과 왕비, 신하들의 관복을 하사하셨습니다. 그런데 그 말고도 다양한 종류의 명나라 관복이 있는 바, 그를 다시 하사하여 주시면 정말 감사하겠나이다."

당시 중국이 다른 국가에게 관복을 하사한다는 것은 단순히 선물이 아니라, 동아시아에서 그 국가가 다른 국가들보다 더 힘이 세다고 인정해 주는 것이었습니다. 그로써 외교 안정을 도모하고 그 권위를 빌려 정통성을 얻을 수 있었지요.

오늘날의 시각으로 보면 그리 달갑잖은 사대주의적 행태일 수 있으나 인구와 국력 면에서 압도적인 이웃을 둔 중국 주변 국가들로서는 합리적인 선택이었습니다.

그런데 주원장은 공민왕에게 관복을 제대로 챙겨 주지 않았던 겁니다. 우왕은 공민왕이 살아 있을 때 정식 세자로 책봉되지 못하고 이인임 등 권신들의 도움으로 왕좌에 앉았기에 왕으로서의 권위를 세우기 위해서라도 명나라의 관복이 더욱 절실했습니다. 이미 길을 떠났던 설장수에게 전령까지 보내 관복을 받아내라고 명령한 이유는 거기에 있었지요.

설장수는 이 문제에서도 명 태조를 구워삶는 데 성공했습니다. 그는 명 태조가 하사한 관복을 입고 득의양양 귀국했지요.

"이것이 명나라의 관복들입니다. 정복, 편복 다 있습니다!"

저무는 고려의 끝을 잡고

이후 설장수는 자주 명나라를 드나들며 전문 외교관으로서의 명망을 더욱 드높이게 됩니다. 명나라에서 날아든 군대 주둔지 설치 소식을 공식적으로 조정에 전달한 이도 바로 설장수였습니다. 앞에서 얘기했듯 '원나라 땅은 우리 땅' 식으로 억지를 부렸던 명나라가 '철령 이북은 원래 원나라에 속하였으니 모두 요동에 귀속시키라'고 요구해 온 겁니다. 그뿐 아니라 압록강에서부터 역참(교통 시설)을 두어 관리하겠다고까지 나섰으니 고려는 발칵 뒤집힐 수밖에 없었습니다. 나라 땅을 어이없이 빼앗길 참이었으니까요.

격노한 고려의 우왕과 최영은 군대를 일으켰지만 이성계의 '위화도 회군'으로 모든 게 물거품이 되고 말았습니다. 위화도 회군이란, 명나라의 요동을 공략하고자 출정했던 이성계 중심의

위화도 회군이 이루어진 경로

설장수

세력이 위화도에서 군사를 돌려 도리어 우왕을 폐위하고 정권을 장악한 사건을 말하지요.

명나라와 전면전을 벌이려다가 정권이 바뀌고 왕이 폐위되고 새 왕이 즉위하는 다급한 상황에서 명나라에 대한 외교는 가장 시급한 과제로 떠올랐습니다. 그리고 이때 설장수는 그 최전선에 있는 외교관이었지요. 위화도 회군으로 폐위된 우왕이 아들 창왕에게 왕위를 물려주었음을 알리는 문서를 명나라에 들고 간 것 역시 설장수였습니다.

폐위된 우왕의 아들이 왕위에 오른 것은 보수파라 할 수 있는 이색, 조민수 등의 지지를 받았기 때문입니다. 회군을 주도한 이성계와 정도전, 정몽주 등 신진 사대부들은 이를 내심 달가워하지 않았지요. 급기야 우왕이 성급하게 음모를 꾸며 이성계를 제거하려다 실패하면서 이성계 세력은 창왕을 내몰고 다른 왕을 세우기로 합니다. 흥국사라는 절에 모인 아홉 명의 중신들의 결의였습니다. 이들을 '흥국사 9공신'이라 하지요. 여기에는 설장수도 끼어 있었습니다. 이들은 고려의 마지막 왕인 공양왕을 세운 뒤에, 고려 왕조의 존속을 두고 갈라지지요.

9공신 가운데에는 고려의 마지막 충신 정몽주가 끼어 있었습니다. 정몽주는 위화도 회군을 지지했고 창왕 폐위에도 동의했으나 이성계의 새 왕조 개창에는 결코 동의하지 않았습니다.

심지어 이성계가 뜻하지 않은 부상을 당했을 때 이성계 일파를 숙청하려는 음모까지 꾸밀 정도였지요. 설장수 역시 정몽주의 편을 들었습니다. 그로서는 자신에게 새 삶을 열어 준 고려 왕실에 대한 의리를 포기할 수 없었을 겁니다.

1391년 설장수는 공양왕의 장남 왕석을 모시고 명나라로 향합니다. 왕자가 직접 명나라에 들어가 황제를 만난다는 것은 중대한 의미가 있었습니다. 고려의 내부 사정이야 어떻든 중국 황제의 승인이란 당시 동아시아 국제 질서에서 무거운 의미를 지녔으니까요. 명나라에 보내는 문서에서 왕석은 이렇게만 표현돼 있었습니다. "장남 정성군 석". 즉 명나라로부터 세자로서 공인을 받아야만 고려 다음 왕으로서 정통성을 확보할 수 있었던 겁니다.

이성계의 최측근으로서 새로운 왕조를 세우는 데 앞장섰던 정도전이 설장수를 끌어내리려 한 것은 당연한 일이었습니다. 왕석이 세자 책봉을 받아 버리면 그를 내모는 것은 명나라의 비위를 정면으로 거스르는 일이 될 수 있었기 때문입니다.

그러나 고려의 사직을 지키려던 몇 안 되는 신하들의 몸부림도 헛되이, 정몽주가 이성계의 아들 이방원에게 선죽교에서 죽음을 당한 후 고려 왕조는 475년 만에 그 막을 내리고 맙니다. 설장수는 정몽주파로 몰려 탄핵을 받고 경상도 먼 고을 장기(오늘날의 포항 인근)까지 귀양을 떠나는 처지가 되었습니다. '간교하고 지조 없는 자로 그저 재산을 불리는 일에만 관심이 있는데도 잘못 등용되어 높은 지위까지 오른 자'로 매도를 받으면서 말입니다.

귀화 후 40년, 다섯 임금을 거친 이력

하지만 태조 이성계로서는 설장수를 그렇게 묻어 버릴 수 없었습니다. 고려 왕조를 무너뜨리고 새 왕조를 세운 직후이니 명나라와의 외교 관계가 가장 절박한 과제인 데다, 상대는 의심 많기로는 중국 역사에서 둘째가라면 서러워할 명 태조 주원장이었으니까요. 당장 조선 개국 1년 후 주원장이 보낸 국서부터 이런 내용을 담고 있습니다.

"조선 너희가 믿는 것은 바다가 넓고 산이 험준한 것인데… 병력이 백만 명이고 전함이 천리에 뻗치니 발해의 수로와 요동의 육로로 쳐들어간다면 너희 조선쯤이야 아침 한 끼 거리도 되지 못하니…"

하지만 주원장에게 조선은 여전히 껄끄러운 상대였습니다. 사실 '아침 한 끼 거리'도 안 될 만큼 우습다면 왜 백만 대군을 동원하겠습니까. 더구나 전 왕조 고려는 국력을 기울여 요동 지역을 집요하게 노렸고, 이성계가 한때 고려의 장군으로서 압록강을 두 번이나 넘은 사실을 기억할 때 주원장의 엄포도 무리한 것은 아니었습니다. 마침내 조선 태조 이성계는 결단을 내립니다.

"설장수의 귀양을 끝내고 돌아오게 하라."

1년도 안 되어 개경으로 돌아온 설장수는 오랫동안 동료였으되 이제는 왕이 된 이성계 앞에 엎드립니다.

"성은이 망극하옵니다. 전⋯하⋯."

이성계는 설장수보다 여섯 살 위였습니다. 온갖 전장을 누볐던 자신만큼이나 외교 사절로서 발이 부르트도록 수천 리를 오갔던 설장수의 활약을 잘 알고 있었지요.

"설 공. 부디 과인을 도와주시오. 왕조는 바뀌었어도 백성들은 같은 백성들 아니겠소. 그러고 보면 설 공은 위구르 사람으로 원나라에 살다가 고려로 왔고, 나는 여진족과 어울려 살다가 고려에 귀순했으니 처지가 크게 다르지 않소. 누가 설 공에 대한 험담을 하더라도 나는 설공을 믿을 것이오. 도와주시오. 검교문하시중 자리를 내리겠소."

"기꺼이 그리 하겠나이다, 전하."

고려에서나 새 왕조 조선에서나 설장수가 할 일은 다르지 않았습니다. 검교문하시중의 '검교檢校'란 일종의 명예직이란 뜻이었지만 문하시중은 곧 최고 벼슬 영의정이었습니다. 요즘으로 치면 '명예 총리'쯤 되는 셈입니다. 그만큼 이성계는 설장수의 외교 역량을 높이 샀던 것입니다.

조선과 명나라의 관계는 날이 갈수록 험악해지고 있었습니다. 이성계의 오른팔 정도전이 명나라에 사신으로 가서는 "일이 틀어지면 군대를 몰고 와서 한바탕 해 주지" 하며 호기를 부린 것이 주원장의 귀에 들어가면서 관계는 더더욱 악화됐지요. 주원장은 정도전이 지어 바친 글에 터무니없는 시비를 걸어 정도전을 명나라로 보내라 위협했고, 조선이 이를 거부하자 다른 조선 사신들을 잡아 가두는 지경에 이르렀습니다. 태조 이성계로서는 결코 정도전을 보낼 수 없었고, 이때 표문을 함께 지었던 권근이 명나라로 가겠다고 나섭니다. 설장수는 그와 함께 명나라로 가게 되지요. 역시 해결사는 설장수일 수밖에 없었던 겁니다. 주원장은 설장수와 이미 구면이었지만 보자마자 험악하게 윽박지릅니다.

"네가 바친 말안장에 하늘 천天 자가 거꾸로 새겨져 있다. 이게 무슨 무례한 일이냐."

"만든 사람이 안장 안에 아무것도 없다고 두 번, 세 번 확인해서 가지고 온 것인데 이렇게 됐으니 죄가 큽니다. 하오나…"

설장수는 고개를 조아리면서, 그러나 언성은 높여서 주원장에게 말합니다.

"제가 고려에 귀화한 지도 40년이 흘렀습니다. 그간 공민왕은 말할 것도 없고, 중간의 두세 임금의 경우는 제가 감히 그 지성을 보증하지 못하겠습니다. 하지만! 지금의 임금은 한마음으로 폐하를 공경하여 감히 태만하지 않습니다."

함께 온 조선 사람과는 완연히 다른 이목구비의 위구르족 출신 조선 외교관. 설장수가 고려에 귀화한 후 섬겼던 임금들을 언급한 것은 그동안 자신이 외교관으로서 펼쳤던, 고려와 조선 신하로서의 이력을 주원장에게 상기시키기 위해서였습니다. "그러니 내 말을 허투루 듣지 말아 주시오" 하는 호소였지요.

언뜻 비굴해 보일 수도 있으나 새로이 대륙을 장악한 명나라가 군대를 일으켜 조선을 침범한다면 새로 선 왕조의 운명은 물론 백성들의 생사 또한 가늠할 수 없었기에, 설장수는 그만큼 필사적이었습니다. 주원장 역시 마음이 풀립니다. 정도전은 조선의 화근이 될 것이라면서 정도전에 대한 경계를 늦추지 않았고, 잡아 둔 조선 사신들은 정도전 일파라며 풀어 주지 않았지만 설장수 일행은 고이 돌려보냅니다. "너희를 보낸 너희 왕의 뜻이 좋았다"라면서 말입니다. 설장수의 또 한 번의 외교적 승리였습니다.

한민족의 평화를 지킨 이방인 출신 외교관

주원장에게 제대로 '찍혔던' 정도전은 이후로도 설장수에 대한 견제를 멈추지 않았습니다. 급기야 설장수를 탄핵하려 들지만 정도전을 깊이 신뢰하던 태조 이성계도 설장수에 대한 말만은 전혀 듣지 않았습니다. 되레 이렇게 얘기하지요.

"황제가 진노했을 때 자청해 가서 황제의 화를 풀게 하여 다시 경을 부르지 않게 만들었으니 나라에 공이 있고 경에게는 은혜가 있지 않은가."

야심가였던 이성계의 다섯째 아들 이방원은 1398년 '1차 왕자의 난'을 일으킵니다. 당시 세자였던 이성계의 막내아들 방석과 그 형 방번이 참살당하고 정도전 역시 목숨을 잃지요. 커다란 충격을 받은 이성계는 왕위를 둘째 아들 방과에게 물려주고 상왕으로 물러앉습니다. 또다시 명나라에 가서 이 엄청난 사정을 조목조목 설명하고 이해시킨 것 역시 설장수였습니다.

이때 설장수가 명나라로부터 받아온 국서는 설장수의 수십 년 외교전의 하이라이트라 할 만합니다. 명나라 의례를 따르되 통치는 스스로 하라, 즉 자기들 비위만 안 건드린다면 조선은 너희들끼리 알아서 하라는 뜻이 담겨 있었으니까요. 이 국서를 받아 오고 나서 1년 뒤 설장수는 마치 다 이루었다는 듯 세상을 떠납니다. 그의 나이 59세였습니다.

중국 대륙의 원나라와 명나라의 교체기, 그리고 고려 왕조의 몰락과 조선 왕조의 탄생이라는 격동기에 자신의 모든 것을

다 바쳐 외교 맨 앞에 나섰던 이방인 출신의 외교관 설장수. 그는 고려와 조선의 안전과 평화를 지키기 위해 끝까지 노력했습니다. 그런 그의 생애를 두고 《조선왕조실록》은 이렇게 표현하고 있습니다.

공은 타고난 바탕이 정성스럽고 영민하며, 성품이 굳고 강했다. 말을 잘하여 세상에서 칭송을 받았다. 명나라 수도에 입조한 것이 여덟 번인데, 여러 번 포상을 받았다.

– 《조선왕조실록》, 〈설장수 졸기〉

대마도_왜구_맞짱
667명_조선인_포로_구출

참으로
징글징글한
관계로다

문무를 고루 겸비하여
모두의 안전과 행복을 위해 헌신하는

ISFJ

5

역대 최고의
한일 관계 전문가

이예

1373~1445
고려 말부터 조선 초의 문신

일본을 흔히 '가깝고도 먼 나라'라고 표현합니다. 우리와는 좁은 해협을 사이에 둔 이웃 나라이지만 오랜 역사 속에서 정다울 때보다는 험악할 때가 더 잦았고, 사생결단의 전쟁을 치르기도 했으며, 나라를 통째로 일본에 빼앗기기도 했으니, 거리상으로는 가깝더라도 정서적으로는 친밀해지기가 결코 쉽지 않겠지요.

고려 말에서 조선 초에 이르는 시기에는 '왜구'라고 불렸던 일본 해적 집단이 극성을 부렸습니다. 왜구들은 1350년 충정왕 2년 고성과 거제를 공격한 이래, 1392년 고려 멸망에 이르기까지 무려 394회나 고려를 침략했습니다. 단순한 도적 떼를 넘어 수천 단위의 정규군 수준의 군대를 갖춰 수도 개경을 위협하기도 했고, 경상도와 전라도 등지에서 세금을 걷는 뱃길을 막아 고려 관리들의 봉급을 1년 가까이 주지 못하는 사태를 빚기도 했지요.

고려의 해안 지대는 왜구들의 분탕질로 황폐해졌고 수많은 백성이 목숨을 잃었습니다. 왜구로 인한 피해는 고려 멸망의 원인 중 하나로 지목될 만큼 심각했습니다. 심지어 고려 왕조가 막을 내리고 조선 왕조가 들어섰어도 왜구는 여전히 기승을 부렸지요.

왜구의 배에 스스로 올라타다

태조 3년(1396)에는 경상도 동해안 울산 고을에 3,000여 명의 왜구가 들이닥쳤습니다. 울산 일대를 쑥밭으로 만든 그들은 울산 군수까지 납치해 갑니다. 그런데 전리품을 잔뜩 싣고 대마도 본거지로 돌아가는 배 안에서 축배를 들던 왜구 두목에게 기이한 소식이 전해집니다.

"조선 관원 하나가 자기도 잡아가 달라고 제 발로 배에 탔습니다."

"그게 무슨 소리야? 미친놈 아니냐?"

"미친 거 같지는 않습니다. 뒤처진 우리 배에 몰래 올라탔다가, 바다로 나오자 별안간 모습을 드러냈습니다. 그런데 이유가 황당합니다. 사로잡힌 울산 군수를 모시고 싶다는 겁니다."

"무슨 해괴한 소리를 하는 거냐."

왜구 두목은 눈을 부릅뜨고 갑판으로 나갔습니다. 갑판에는 스무 살가량의 조선 청년 하나가 무릎 꿇려 있었습니다. 바닷바람과 멀미에 시달려 새하얗게 질린 얼굴이었으나 그래도 기백이 엿보였습니다. 청년은 되레 왜구 두목에게 우렁찬 목소리로 물었습니다.

"군수 어른은 어디 계시오?"

통역을 통해 조선 청년의 질문을 이해한 왜구 두목이 어이없다는 듯 콧방귀를 뀌었습니다.

"이놈아. 어디 있으면, 네가 가서 수발이라도 들겠다는 거냐?"

"어느 배에 탔는지 알려 주시면 그렇게 하겠소."

"웃기는 놈이로구나. 언제 죽을지 모르는 포로를 위해 네 목숨을 걸겠다?"

"내가 죽기 전까지는 그렇게 할 것이니 사또 계신 곳을 알려 주시오."

왜구 두목은 다시 한번 혀를 찼습니다. 단칼에 목을 날려도 아쉬울 것이 없었으나 상관을 위해 목숨을 거는 조선 청년의 용기가 신기했던 겁니다. 왜구가 나타났다 하면 꽁지 빠지게 도망가는 조선인들만 있는 것은 아니구나 싶었겠지요.

"너는 누구냐. 이름은 무엇이고 조선에서 뭘 하던 자냐."

"이름은 이예. 울산 고을의 기관이오."

이예는 1373년 울산에서 태어났습니다. 그는 해안 고을 출신으로 왜구의 피해를 온몸으로 겪은 사람이었습니다. 고려 우왕 6년(1380), 울산 고을에 쳐들어온 왜구에게 이예는 어머니를 납치당했습니다. 그 소년이 이제는 장성한 청년이 되어 상관을 납치해 간 왜구들의 배에 올라타 있었습니다. 왜구들은 울산 군수 이은을 감금한 방으로 이예를 데리고 갑니다.

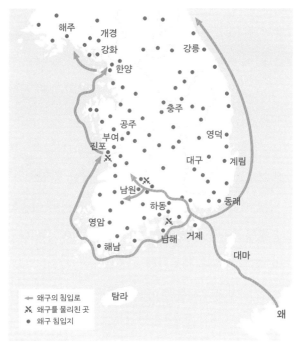

고려 말 왜구의 침입 경로

"누구를 모시든 말든 맘대로 해라. 목숨이 얼마 남았는지도 모르는 것들이…."

이은은 이예가 자기를 걱정해 스스로 왜구들의 배에 올랐다는 사실에 몸 둘 바를 몰라 했습니다.

"아니, 어쩌자고 이런 일을 벌였는가. 나야 눈물 나게 고마운 일이네만 자네가 이럴 필요는 없지 않나."

이예는 고개를 저었습니다. 이은은 이예가 지켜본 가운데 가장 어진 지방관이었고 아전들에게도 넉넉한 덕을 베풀던 사람이었습니다. 이예는 이은의 만류에도 아랑곳하지 않고, 왜구들의 눈치도 전혀 보지 않고 이은을 극진히 모셨습니다. 살기 그득한 얼굴로 지켜보던 왜구들의 눈에도 감탄의 빛이 서리기 시작했습니다.

"그놈 참 충직한 놈이로구나."

원래 왜구들은 울산 군수 이은을 죽여 버릴 생각이었습니다. 조선 조정 압박을 위해 납치하기는 했으나 조정이 이은의 목숨 때문에 움직일 가능성은 적었으니만큼 이용 가치가 없다고 생각한 거지요. 물론 이은을 죽인다면 이예를 살려 둘 이유도 없었습니다. 하지만 이예의 모습을 보며 왜구들도 마음이 흔들립니다.

이자는 진정한 조선의 관리인데 이런 사람을 죽여서 좋을 일이 없을 것 같다.

-《조선왕조실록》, 〈이예 졸기〉

왜구들의 분위기 변화를 읽은 이예는 감추어 두었던 승부수를 던집니다.

"나와 사또의 목숨을 살려 주신다면 드릴 것이 있소."

"그게 뭐냐?"

"울산 관아에 있던 은그릇들이오. 우리를 죽여 무엇 하시겠소. 살려 주신다고 약속하면 은그릇들을 드리리다."

"숨겨 봐야 배 안이지. 네가 어디다 숨겼겠느냐."

"한번 찾아 보시지요. 그럼 이만···."

"어이! 대체 은그릇이 몇 개냐. 죽여 버리기 전에 말해라."

"내가 죽으면 은그릇을 손에 넣으실 수도 없겠지요. 잘 생각해 보시기 바라오."

양반이 된 아전

이예는 타고난 협상가였습니다. 상관을 극진히 모시면서 왜구들의 호감과 신뢰를 산 뒤 이번에는 은그릇으로 왜구 두목의 탐욕을 자극한 겁니다. 사실, 이 은그릇들은 원래 울산군에 속한 공공 기물이었습니다. 왜구의 배에 타기 직전에, 이예가 은그릇들을 창고에서 꺼내어 몰래 몸에 숨겨 왔던 것입니다. 군수를 구해 내기 위한 협상을 염두에 두었던 것이지요. 왜구들은 이예가 거짓말을 한다고 생각하지는 않았습니다. 그래서 죽이지 않겠다는 약조를 한 뒤 이예로부터 은그릇을 받아 냅니다. 물론 이예는 찔끔찔끔 은그릇을 내주면서 더 나올 것이 있다는 인상을 심어 주는 것도 잊지 않았지요. 결국 이예와 울산 군수 이은은 살아서 왜구의 본진 대마도 땅을 밟았고 화전포라는 곳에 옮겨져 갇혔습니다.

그러나 이예는 자유롭지 않은 포로 생활 중에도 기민하게 움직였습니다. 자신들을 감시하던 왜구들을 구워삶고 뇌물을 약속하며 배를 구해 탈출할 준비를 진행했지요. 그사이 일본어 실력역시 갈수록 유창해졌습니다.

탈출 계획이 무르익을 즈음, 이예는 조선에서 사신이 도착했다는 소식을 듣습니다. 통신사 박인귀였습니다. 박인귀는 대마도의 일본인들을 달래 이예 일행을 석방시키고 1397년 함께 조선으로 돌아오는 데 성공합니다.

'왜구에게 붙잡힌 사또를 모시기 위해 제 발로 왜구 배에 올라탄 아전!'

충효忠孝를 뼈에 새기고 살던 유교의 나라 조선에서 이렇게 극적인 영웅담은 금세 퍼지게 마련입니다. 위로는 임금부터 아래로는 장터의 장사꾼들까지, 용감한 아전 이예의 이야기를 모르는 사람이 별로 없을 정도였지요.

이예는 벼슬을 받고 양반 신분이 되어 정식으로 외교 일을 맡게 됩니다. 이름 높은 선비들도 시를 지어 이예의 행적을 찬양했습니다. 그중 김수온이라는 문신은 이예에 대해 '이로움과 의로움 모두 놓치지 않았다'고 표현하는데, 이것이야말로 이예의 진가라고 할 수 있습니다. 이는 오늘날까지도 외교의 기본 자질입니다. 외교의 절체절명의 과제는 나라의 이익, 즉 국익을 지키는 일이지만 동시에 그 이익을 포장할 수 있는 명분, 즉 마땅히 그래야 하는 까닭을 놓쳐서도 안 됩니다. 이상을 추구하면서 현실적인 이익을 동시에 따내는 것, 그것이 외교지요.

이후 이예는 날개를 단 듯 조선 초기를 대표하는 외교관으로 성장해 나갑니다. 당시 왜구에 시달리던 조선의 외교적 과제 가운데 하나는 왜구에 끌려간 조선 사람들을 돌려받는 일이었습니다. 이예의 어머니 역시 왜구에게 끌려간 이후 생사를 몰랐지요.

조선에 돌아온 지 3년 후인 1400년. 이예는 일본에 가는 사신단에 동행합니다. 이예는 임무를 수행하는 와중에 대마도를 비롯한 왜구들의 소굴에 찾아가 집마다 방문하며 어머니를 찾습니다. 끝내 어머니는 찾을 수 없었지만 왜구들에게 잡혀간 조선인의 수, 그들이 처한 상황, 돌아갈 수 있는 조건 등에 대한 소중한 정보를 얻을 수 있었지요.

"조선과 대마도, 나아가 일본이 친하게 지내려면 포로로 잡아간 조선인들부터 풀어 줘야 하오. 그러지 않고서야 어떻게 우리 조정이 당신들에게 은혜를 베풀 수 있겠소."

"글쎄, 우리도 어디에 얼마나 있는지 알아야 돌려보낼 것이 아니겠소."

"아, 그 문제라면 내가 아는 대로 말씀드리겠소. 대마도는 물론이고 일기도, 송포도에서 내가 만난 조선인들 수가…"

"아니, 그걸 언제 다 조사했단 말이오. 당신 말을 믿어도 좋겠소?"

"내 어머니가 왜구들에게 납치되었었지요. 어머니를 찾기 위해 발이 부르트도록 섬 곳곳을 누볐소이다. 그러다 알게 된 사실들이오."

일본인들은 입을 다물 수밖에 없었습니다. 이런 식으로 이예는 외교관으로 일하는 동안 수백 명의 포로를 되찾아 오게 됩니다. 일본에 이예가 온다는 소문이 돌면 포로 생활을 하던 조선인들은 희망에 부풀었고 이예 덕분에 조선으로 돌아오는 배에 탄 사람들은 눈물을 흘리며 머리를 조아렸습니다.

오키나와 포로 송환에서 거북선 아이디어까지

그러던 어느 날 태종 임금이 이예를 부릅니다.

"왜구들에게 끌려가 유구국(오키나와)까지 팔려 간 조선인이 많다고 한다. 네가 가서 이들을 데리고 와 주면 좋겠구나."

한반도에서 오키나와까지의 거리는 직선거리로만 1,000킬로미터가 넘습니다. 그것도 육지가 아닌 망망대해를 헤치고 가야 하는 곳이었지요. 당시 호조판서 황희가 '길이 험하고 멀며 사람을 보내면 번거롭고 비용도 많이 드니 파견하지 말자'고 반대한 것도 무리가 아니었습니다. 그러나 태종은 단호했습니다.

"고향을 그리워하는 마음에 어찌 귀천이 따로 있겠는가. 만약 귀한 집 사람이 포로로 끌려갔어도 비용 타령을 하겠는가."

이 말을 들으며 이예 역시 피눈물을 삼켰습니다. 자신의 어머니 역시 어느 하늘 아래에서 노예 생활을 하고 있는지 모를 일이었으니까요.

지금까지 유구국 사람들이 조선에 온 예는 드물지 않았지만 조선 사신이 유구국으로 향하는 것은 처음 있는 일이었습니다. 그만큼 위험하고 생경한 길이었지만 이예는 조금도 개의치 않고 어명을 받듭니다. 그만이 할 수 있는 일이었고, 또 하고 싶은 일이었기 때문이지요.

태종 16년(1416) 이예는 유구국으로 향하는 배에 올랐고, 오랜 항해와 교섭 끝에 44명의 조선 포로들을 데려왔습니다. 왜구에게 끌려가 일본을 떠돌다가 유구국까지 팔려 가 혹독한 노예취급을 받고 있던 조선인들에게 이예는 그야말로 구세주였을 겁니다.

"외교는 총소리 없는 전쟁"이라는 말이 있습니다. 이예 역시 외교는 나라 사이의 친선을 위한 수단이지만 나라의 이익 앞에서 한 치도 물러설 수 없는 투쟁의 장이기도 하다는 걸 잘 이해하고 있었습니다. 그런 만큼 1419년 태종이 추진한 대마도 정벌에도 함께하여 한때 자신이 상대했던 대마도 사람들과 조선군의 전투를 지켜보았고, 일본에 갈 때마다 군사력이나 무기의 양과 질 등을 면밀히 살폈습니다. 그는 임금에게 이렇게 아룁니다.

> 신이 대마도에 갔을 때 왜인의 집에서 무쇠로 만든 중국제 화통과 완구를 얻어 가지고 왔사오니 청컨대 무쇠로 화통과 완구를 부어 만들어 각 주와 진에 나누게 하소서.
> ─《조선왕조실록》, 세종 즉위년 8월 14일

외교 협상을 하면서 무기 성능 개선을 위해 왜구들의 무기를 들여오는 수완까지 발휘한 것이죠. 그뿐 아니라 바다로 쳐들어오는 적은 바다에서 막아야 한다는 생각으로 조선의 전함 개조에도 힘을 기울였습니다.

"강남, 유구, 남만, 일본의 배는 모두 쇠못을 써서 꾸민 데다 오랜 시일을 들여 만들었기 때문에 견실하고 정밀하며 가볍고 빠르며 여러 달 바다에 떠 있어도 물이 새지 않고 20~30년은 넉넉히 가는데 우리 병선은 나무못을 써서 꾸민 데다가 견고하지 못해 8~9년이 못 가서 상해 버립니다."

즉, 이예는 유구국부터 일본 각지를 누비면서 상대방 배의 장점을 낱낱이 파악하고 있었습니다. 더하여 그는 왜구를 상대할 만한 전함의 개조법까지도 제안합니다.

"이제부터 창과 칼을 뱃전에 벌려 꽂아서 적이 칼을 들고 배에 오르지 못하게 하며, 검선 한 척마다 비거도선(鼻居刀船, 작고 빠른 배) 두세 척을 붙여 싸움을 돕게 해야 합니다. 왜구가 나타나면 비거도선이 추격하고 검선이 뒤따라 치면 잡을 수 있습니다."

왜구들은 전투가 벌어지면 일본도를 들고 배에 올라 칼싸움으로 조선군을 압도하곤 했습니다. 그래서 이예는 애초에 왜구들이 조선군의 배에 오를 수 없도록 칼과 창을 꽂은 검선 아이디어를 제시했던 것입니다.

이 아이디어는 즉시 채택되어 조선 수군에 도입되는데 이를 더 발전시킨 것이 바로 이순신 장군의 거북선입니다. 아예 갑판을 철판으로 덮고 쇠못을 박아 일본군의 침투를 봉쇄할 수 있었지요.

대일 외교의 근간을 세우다

이예는 일본의 입장도 깊숙이 꿰뚫어 보고 있었습니다. 특히 왜구의 본거지였던 대마도를 비롯한 일본 변방의 섬들이 조선에 원하는 것이 무엇이며, 왜 조선을 괴롭히는지를 이해했던 그는 일본인들에게 실질적인 이익을 주어야 노략질을 통제할 수 있다고 보았습니다. 그는 세종에게 이렇게 건의합니다.

"먼저 국가 대의로 타이르되, 그들 삶을 이롭게 해 주어야 합니다."

타이르기도 하고 무력으로 응징도 해 봤지만 그들의 이익을 챙겨 주지 않고서는 노략질을 막을 수 없다는 뜻이었지요.

1419년 대마도 정벌 후 조선은 일본인이 조선에 올 경우 그를 파견한 지역의 통치자가 작성한 외교문서를 가져오도록 했습니다. 그것으로 조선에 오는 일본인들을 통제할 의도였지만 일본 내부의 정치적 불안정과 잇단 위조 등으로 인해 실효를 거두지 못했습니다.

그래서 나온 것이 문인文引 제도였습니다. 문인은 일종의 통행증으로 무역을 목적으로 한 배이든 사신을 태운 배이든 조선에 건너오는 모든 일본 선박은 의무적으로 지녀야 했습니다. 그리고 일부 예외를 제외하고는 모든 일본 무역선이 대마도주의 문인을 지니게 함으로써 책임 소재를 명확히 했습니다.

이는 조선을 괴롭히는 왜구의 가장 큰 소굴이었던 대마도에 특권과 이익을 보장하면서 그들이 다른 일본인들을 견제하도록 하는 효과를 노린 것이었습니다. 1438년(세종 20년) 대마도경차관으로서 대마도주와 협상하여 이 문인 제도를 확립한 것, 그리고 엄격히 감시한 것 역시 이예였습니다.

"내 자세히 살펴보니 대마도주의 문인을 받아오는 사람들 중 대마도 사람들이 아닌 경우가 많던데."

"무… 무슨 말씀이십니까. 그럴 리가요. 우리 대마도주께서는 철저히 관리하고 계십니다."

"내가 당신네 수도 교토까지 다녀온 사람이오. 대마도 사람들하고 일기도나 송포도 사람들, 본토 사람들 구분을 못 할 것 같소? 도둑질하던 놈들도 버젓이 대마도주 문인을 받아오던데? 대마도주가 요즘 좀 형편이 넉넉하신가? 관리를 영 허술하게 하시는 것 같소."

이쯤 되면 일본인들은 바짝 엎드릴 수밖에 없었습니다.

"네! 도주께 말씀드려서 단속을 철저히 하도록 하겠습니다."

그러면 이예는 회심의 일격을 날렸습니다.

"조사해서 대마도주가 정식으로 발급한 게 아닐 경우 바다 건너갈 식량만 주고 돌려보낼 것이니 관리 좀 철저히 하십시다. 대마도주 좋고 우리도 좋은 일에 초를 치면 되겠소."

하지만 조선에서 베푸는 이권을 노린 일본인들의 왕래는 날이 갈수록 늘어났고, 대마도주의 문인이 마구 발급되면서 무역을 통제하기 어렵게 됩니다. 그러자 조선은 무역선의 수를 적극적으로 통제하는 정책을 폅니다. 대마도로서는 기껏 따낸 그들의 이권을 제한당할 수도 있는 예민한 문제였지만 일본인들에게 이 제도의 장점을 설득하고 이해시킨 것 역시 이예였습니다.

"대마도주는 조선에 매년 50척의 배를 보낼 수 있고, 부득이하게 보고할 일이 있을 경우, 특별히 몇 척은 더 보낼 수 있도록 제도를 정하려 하오."

"우리가 문인을 발급하는 배가 1년에 100척은 될 텐데, 우리로서는 손해 아니오. 그냥 예전대로 합시다."

"하나는 알고 둘은 모르시는구만. 들어 보시오. 우리 조선은 1년에 대마도주에게 쌀과 콩 200석을 하사할 거요. 거래가 아니오. 대마도는 농토가 없어서 늘 배를 곯지 않소? 우리가 200석을 거저 주겠다는 것이오. 그것만 해도 큰 이득이지요?"

"정말이오? 200석을 그냥 하사해 준다고?"

"더 들어 보시오. 문인을 100척에 발급해 주고 얻는 이익이 크겠소, 아니면 대마도주가 독점적으로 50척을 보내고 얻는 이

익이 크겠소? 다른 지역 배들은 아예 얼씬도 못하게 되니 문인
위조도 소용이 없지요. 우리는 대마도에서 온 배하고만 거래할
거니까 말이오. 이래도 싫으시오?"

동서고금을 통틀어 외교는 주고받기, 즉 '기브 앤드 테이크
Give and Take'의 줄다리기입니다. 어떤 정의로운 명분도 얄팍한 이
익 앞에서 무너지는 법이고, 상대방이 원하는 것을 내주지 않으
면 내가 원하는 것을 구경할 수 없지요. 단, 그 줄다리기에서 내
영역을 얼마나 더 넓히는가가 문제일 뿐입니다.

이예는 탐욕스러운 일본인들의 비위를 맞추고, 때로는 단

대마도 원통사에 있는 이예 공적비

호하게 꾸짖으면서 조선의 이익을 확보해 나갑니다. 그 결실이 1443년(세종 25년) 체결된 계해약조였습니다. 흔히 조선 초의 명신 신숙주가 계해약조를 체결한 것으로 잘못 알려져 있기도 하나 실제로 대마도주와 교섭하고 합의를 이끌어 낸 것은 대마도 체찰사로서 협상에 임한 이예였습니다.

계해약조를 기반으로 한 대마도와의 관계는 이후에도 지속되었습니다. 훗날 왜구들의 몇 차례 소동과 임진왜란 같은 엄청난 전쟁을 겪은 후에도 대마도와의 모든 합의는 1년에 하사하는 곡물의 양 및 무역선의 수를 규정한 계해약조의 형식을 기본으로 하여 이뤄졌지요. 즉, 계해약조가 조선 말까지의 대일 관계에서 가장 기본적인 기준이었던 만큼, 이예는 조선의 대일 외교의 근간을 세운 외교관이라고 할 수 있습니다.

43년간 마흔 번 넘는 일본행

이예는 43년간 40회 넘게 일본에 파견되었습니다. 그중에 4회는 통신사로 교토에 파견되어 일본 막부의 쇼군에게 임금의 국서를 전달했습니다. 거친 육로와 험한 해로를 누벼야 했던 당시에 일본에 사신으로 다녀오려면 적어도 6개월이 넘는 시간이 걸렸습니다. 그렇게 따지면 그는 거의 20년 동안 나라 밖을 떠돌며 조선의 외교에 헌신한 셈입니다. 그만큼 그는 당대의 일본 전문가이자 최고의 외교관이었고, 조선의 이익과 안전을 위해 자신을 다 바친 충직한 신하였습니다.

계해약조를 체결하던 해, 그는 나이 일흔한 살의 노인이었습니다. 그런데도 늙은 몸을 이끌고 대마도체찰사로 나가기를

서울 서초구 국립외교원에 있는 이예 동상

이예

청합니다. 세종 임금 앞에 엎드렸던 이예의 머리와 가슴속에는 여러 기억과 감정이 무수히 교차했을 것 같습니다. 일찍이 아전으로 일하다가 왜구의 포로가 된 고을 사또를 구하기 위해 왜구의 배에 올라탔을 때의 막막함. 살기등등한 왜구들과 밀고 당기며 자신과 상전의 안전을 지켜 냈을 때의 안도감, 별처럼 많은 나날 동안 바다 위에서, 또 일본인들과 섞여 지내면서 무수히 부딪치고 설득하고 낭패를 보기도 하고 성과를 거두기도 했던 그의 43년, 그가 구출해 온 667명 조선인의 모습들이 장대하게 펼쳐졌겠지요. 어린 시절 왜구들에게 납치되어 간 어머니를 끝내 찾지 못한 서러움만큼은 어쩔 수 없었겠지만 말입니다.

조선 최고의 대일 전문가, 아전 출신으로 당상관까지 올라간 외교관 이예는 1445년 73세의 나이로 세상을 떠납니다. 먼 훗날 그에게는 충숙공의 시호가 내려졌고 2010년 대한민국 외교부는 고려의 서희에 이어 "우리 외교를 빛낸 인물"로 이예를 선정하여 그 업적을 기리게 됩니다.

한편, 일본에서도 한일 외교를 위해 노력한 이예에 대한 관심이 높아지고 있습니다. 일본의 학자가 이예를 연구하여 요코하마 국립대학에서 박사학위를 받기도 했고, 이예를 주제로 한 소설과 영화도 만들어졌지요. 2024년 5월에는 교토에 이예의 동상이 세워지기까지 했습니다.

이예와 절친했던 조선의 문신 조말생은 이예의 풍모를 다음과 같은 한시에 담아냈습니다.

품성을 산천에서 얻었으니 신령스러운 정기가 넘쳐 있고
문무를 겸전하고 충의의 성품을 품었도다
귀한 공 높은 지위에 형체는 단정하고 용모도 바르구나
남긴 초상이 세상에 있어 보는 이마다 공경심을 갖게 하네
– 충숙공이예선생기념사업회

임진왜란_비공식_사절
승병_지휘

나라를 위해
절 밖으로
나왔소

신묘한 직관과 통찰력으로
상대의 마음을 움직이는

INFJ

6

'예'와 '의'로 적을 상대하다

↓

사명대사

1544~1610

조선의 고승

임진왜란은 우리 역사에서 몽골의 침략과 더불어 가장 큰 국난으로 평가받는 전쟁입니다. 거의 전 국토가 전쟁터가 됐고 헤아릴 수 없이 많은 수의 사람들이 죽고 다치거나 노예로 끌려갔습니다.

그뿐 아니라 명나라까지 참전하면서 임진왜란은 동북아시아의 역사를 뒤바꾼 일대 국제적 사건이 되어 버립니다. 조선과 명나라가 기진맥진한 틈을 타서 만주족이 힘을 키워 대륙을 제패하는 계기가 되었고, 일본에서는 전쟁을 주도한 도요토미 히데요시 가문이 몰락하고 도쿠가와막부가 들어섰지요.

또 전쟁이 일어난 직후부터 동양 삼국의 군대가 조선 땅에서 엎치락뒤치락한 것은 물론, 전쟁이 끝난 뒤에도 서로의 국익을 둘러싼 치열한 국제적 외교전이 전개됩니다.

일본군은 15세기 중반부터 16세기 후반까지 내란이 계속되었던 전국시대를 거치며 단련된 군대와 서양으로부터 수입한 조총을 앞세워, 오랫동안 평화에 젖어 있던 조선을 거침없이 유린했습니다. 이순신의 수군이 있는 힘을 다해 싸우고 각지의 의병들이 봉기했지만 전쟁의 판도를 결정적으로 뒤집지는 못했습니다.

그러니 조선으로서는 명나라의 원군이 절실히 필요할 수밖에 없었습니다. 조선 사신들은 결사적으로 명나라에 매달리며 구원군을 보내 달라 청했습니다. 처음에는 뜨악해하던 명나라도 일본군의 목표가 조선에만 있지 않고 명나라 역시 겨누고 있음을 파악하고는, 이왕 싸울 것이면 조선에서 싸울 의도로 구원병을 파견합니다.

조선과 명나라의 연합군이 일본군과 전투를 벌이는 와중에 강화 협상 또한 끈질기게 진행되지요. 우여곡절 끝에 전쟁이 끝난 뒤에도 외교전은 공식적으로, 또 막후에서 계속 이어지게 됩니다. 이 아흔아홉 구비 고갯길 같은 외교전 가운데 독보적인 활약을 한 사람의 이야기를 해 볼까 합니다. 그분은 사명대사 유정입니다.

칭찬은 일본군 장수도 춤추게 한다

조선은 국초부터 강력하게 불교를 억압해 왔습니다. 도심의 절들을 폐쇄하고 산으로 옮겨 버렸으며, 고려 시대에 1만 3,000여 곳에 이르던 절들을 대폭 정리했고, 승려가 되려면 엄청난 재물을 바치게 했습니다. 하다못해 승려는 조선 왕조 500년 동안 공식적으로 도성 출입조차 할 수 없었지요. 제11대 왕 중종 때에는 고려 시대 이래 명맥을 이어 온 승과僧科, 즉 승려들을 위한 과거 시험 제도도 폐지됩니다.

그런데 중종의 아들 명종 임금이 어려서 왕위에 오른 후 완강한 조선 성리학자들을 소스라치게 하는 일이 벌어집니다. 어린 왕을 대신해 수렴청정(임금이 어린 나이에 즉위했을 때 왕대비가 나랏일을 보던 일)을 펴던 문정왕후가 독실한 불교 신자였기에, 승과 부활 등 파격적인 불교 중흥 정책을 추진한 겁니다.

반대도 있었으나 여주女主, 곧 여왕으로까지 불릴 정도의 막강한 권력을 휘두른 문정왕후는 공식적으로 승과를 부활시킵니다. 이때 치러진 승과에서는 걸출한 인물들이 합격자 명단에 오릅니다. 서산대사 휴정과 사명대사 유정도 이때의 합격자였습니다.

그러나 문정왕후의 죽음 이후 승과는 다시 폐지됐고 불교도 다시 억압받기 시작합니다. 그럼에도 임진왜란이라는 전례 없는 국난이 터졌을 때, 조선 승려들은 분연히 일어나 승병을 조직하여 일본군과 싸우게 됩니다. 서산대사는 묘향산에서 승병을 모아 깃발을 들었고 그 제자인 사명대사 유정, 처영, 영규 등도 저마다 승병들을 이끌고 국난을 극복하기 위해 노력했지요.

조선 중기의 문인 유몽인이 쓴 《어우야담》에는 사명대사가 본격적으로 승병 활동에 나서기 전, 금강산 유점사에서 일본군을 맞이한 이야기가 등장합니다. 절에 들이닥친 일본군이 절에 있는 보물을 내놓으라고 필담으로 윽박지르자 사명대사는 다음과 같은 일필휘지로 일본군들을 머쓱하게 만듭니다.

"절에서 풀뿌리와 나무껍질로 배를 채우는 승려들에게 무슨 보물이 있겠는가? 그대도 학식과 견해가 있을진대, 장수 된 이로서 이쯤 하고 물러가라."

사명대사의 걸출한 용기를 드러내는 일화이기도 하지만, 무엇보다 여기에서는 그의 설득력과 협상력이 엿보입니다.

일본에서는 불교가 상당한 세력을 지니고 있었고, 군대를 이끌고 조선에까지 온 일본 승려도 있었습니다. 즉, 일본군 눈에 절이란 전리품으로 챙겨 갈 것들이 충분한 곳이었지요. 사명대사는 조선의 절은 일본의 절과 다르다는 사실을 깨우쳐 주면서 동시에 일본군 장수를 추켜세워 주고 있습니다.

"그대는 학식과 견해가 있는 장수 아닌가?"

'칭찬은 고래도 춤추게 한다'는 말처럼, 자신을 높이 띄워 주는 소리에는 누구나 반응하게 마련입니다. 상대를 '비행기 태워 놓고' 땅에서 실속을 챙기는 사람이 지혜로운 법이지요.

보물 안 내놓으면 죽여 버리겠다며 설치는 일본군 앞에서도 주눅 들지 않고, 태연하게 붓을 휘둘러 훈계하는 스님이 어떻게 보였을까요. 답은 역시 《어우야담》에 나옵니다.

"이에 탄복한 일본군 장수는 절 앞에 '이 절에는 고승이 계시니, 일본군은 절을 뒤지는 것을 삼가라'고 팻말을 붙였다."

사명대사는 절을 습격한 강도 같은 일본군과의 담판에 성공한 겁니다.

예(禮)에 살고 의(義)에 죽는 나라

이후 사명대사는 승병들을 거느리고 평양성 탈환 전투에 참여했고 이어 후퇴하는 일본군을 추격해 한양 인근까지 진격합니다. 평양까지 올라갔던 고니시 유키나가 군, 함경도를 장악했던 가토 기요마사 군, 황해도를 점령한 구로다 나가마사 군 등등 수만 명의 일본군은 마지막으로 한양에 집결했는데, 군량이 떨어져서 양주와 양평 등지로 약탈 군단을 내보냅니다. 그들은 각지를 휩쓸면서 사람을 죽이고 곡식을 쓸어 왔습니다. 이때 이 악귀 같은 일본군과 맞선 것이 사명대사의 승병들이었습니다.

1593년 3월 오늘날의 서울시 노원구인 노원평에서 사명대사의 승병들은 양주목사 고언백의 관군과 합동작전을 벌여 인근에 나타난 일본군을 섬멸합니다. "행주산성에서만큼이나 많은 일본군이 죽었을 것"이라는 대승리였지요.

이후 일본군이 경상도 남해안 일대로 철수하자 사명대사와 승병들은 경상도 의령까지 내려가 도원수 권율과 협동하여 수많은 전공을 세웠습니다.

1593년 6월 제2차 진주성 전투가 끝난 후 전쟁은 잠시 잠잠해집니다. 명나라는 자기들 피를 흘려 가며 조선에서 일본을 몰아낼 생각이 애당초 없었고, 조선은 혼자 일본을 물리칠 힘이 없었으며, 일본군은 경상도 지역에 머무르면서 자신들에게 유리한 조건을 관철하려 들었지요.

조선 땅에서 벌어지는 전쟁이었으나 명나라는 조선을 무시한 채 일본과 평화 협상을 전개했고, 조선군에게는 일본군을 공격하지 말라는 엄명을 내렸습니다. 적군과 끝까지 싸워 보지도 못하고, 전쟁을 끝맺을 협상에 끼지도 못했던 조선 조정은 답답해서 미칠 지경이었습니다. 명나라 사신으로 일본과 담판에 나선 심유경은 일본까지 가서 도요토미 히데요시를 만났습니다. 이때 도요토미 히데요시는 실로 어마어마한 협상 조건을 내겁니다.

"첫째, 명나라 황제의 딸을 일본 천황의 후비로 삼는다. 둘째,

명나라와의 무역을 허용한다. 셋째, 명나라와 일본의 대신이 서로 서약서를 쓴다. 넷째, 조선의 8도 중 4도만 조선 국왕에게 돌려주고 4개 도는 일본이 갖는다."

이를 포함해 총 일곱 개의 요구였지요. 조선이라는 나라는 아예 없는 것으로 취급하는 어불성설의 요구였고, 조선뿐 아니라 명나라로서도 기가 막힌 억지였습니다. 그럼에도 명나라의 심유경과 일본의 고니시 유키나가는 전쟁을 마무리하기 위해 국서를 위조하는 소동까지 벌이게 되지요.

한데 중요한 것은 이 엄청난 협상이 전개되는 것을 조선은 까맣게 몰랐다는 사실입니다. 1594년 각지에서 성을 쌓고 승군들을 훈련시키며 언제 다시 불붙을지 모를 전쟁에 대비하던 사명대사를 도원수 권율이 부릅니다.

"대사. 오늘 대사에게 정말 어려운 일을 부탁하려 하는데 꼭 들어주셔야겠소."

"무슨 일입니까?"

"단도직입적으로 말씀드리겠소. 왜군들 진영에 다녀와 주시오. 가토 기요마사가 회담을 요청해 왔는데 우리는 왜놈들 사정을 아는 바가 없고, 명나라 심유경이 왜놈들하고 무슨 말을 하고 다니는지도 모르겠고…."

"그렇지요. 적을 알고 나를 알아야 백전백승인데 적을 하나

사명대사가 가토 기요마사와 네 차례 강화 회담을 벌인 서생포 왜성

도 모르면 무슨 일을 하겠습니까. 소승이 울산으로 가 보겠습니다."

1594년 4월 사명대사는 가토 기요마사가 주둔하고 있던 울산의 서생포 왜성에 도착합니다. 가토 기요마사 역시 강화 협상을 독점하는 일본군 장수 고니시 유키나가에게 불만이 많았고, 자신도 조선과 협상 통로를 얻고자 했습니다.

하지만 가토 기요마사 역시 도요토미 히데요시가 명나라에 내건 조건들을 알고 있었기 때문에, 사명대사에게 그와 비슷하게 말도 안 되는 요구를 늘어놓습니다. 사명대사는 크게 놀라면서도 단호하게 가토 기요마사의 조건을 물리칩니다.

"명나라 공주의 딸을 천황의 후비로 들이는 것이나 조선 8도 중 4도를 내놓으라는 것은 말도 안 되는 요구이고, 이미 철천지 원수가 된 조선과 일본이 친선을 회복하는 것도 쉽지 않으며, 조선 왕자 등 인질을 내놓으라는 얘기도 천부당만부당한 얘기요."

　　"하아… 대사. 지금 이 조건으로 명나라 심유경하고 우리 고니시 장군하고 협상을 벌이고 있는데 무슨 소리요."

　　조선의 운명이 일본과 명나라 사람들에 의해 왔다 갔다 하고 있다는 황망한 사실이 조선에 알려지는 순간이었습니다. 사명대사는 이 기막힌 현실을 최초로 알아챈 조선 사람 중 하나였습니다. 가토 기요마사는 역정을 내며 협박을 늘어놓았습니다.

　　"이 협상이 결렬되면 다시 일본군이 조선에 들어와서 명나라까지 쳐들어갈 거요. 조선 사람은 다 죽어 없어질 거라고!"

　　"우리 조선은 예에 살고 의에 죽는 나라요. 백 번 고쳐 죽어도 그런 조건에는 동의할 수 없지요."

　　끝내 외교 담판은 결렬됐지만 가토 기요마사는 독실한 불교 신자로서, 늠름하고 당당한 사명대사를 후하게 대접하며 여러 번 대화를 나눕니다.

　　어느 날 가토 기요마사는 사명대사에게 글씨를 써 달라고 청합니다. 그러자 사명대사는 붓을 휘둘러 이런 글을 써 주지요.

옳은 일이 아니라면 이로움을 찾지 말라. 밝은 곳에서는 해와 달이 비추고, 어두운 곳에서는 귀신이 모든 것을 보고 있으니, 진정 내 것이 아니라면 털 한 올조차 탐내지 말라.

남의 땅을 탐내 군대를 이끌고 쳐들어온 침략자에게 제대로 한 방 먹이는 글이었습니다. 아마도 가토 기요마사는 뒷머리가 서늘했을 겁니다.

네 머리가 보물이다, 요놈아

사명대사는 네 차례나 가토 기요마사 진영에 드나들며 협상을 전개했는데 그 마지막 회담이 끝난 후 가토 기요마사는 또 이런 질문을 해 옵니다.

"조선에는 무슨 보물이 있소?"

사명대사는 엉뚱한 대답을 하지요.

"우리나라에는 보물이 없고 일본에 큰 보물이 있지요."

"무슨 뚱딴지같은 소리요?"

가토 기요마사가 고개를 갸웃거리자 사명대사는 이렇게 얘기합니다.

"나라에서 그대의 머리를 가져오는 사람에게 상을 주기로 했는데 금으로는 천 근이요, 벼슬로는 만 호를 가진 고을 원을 준다고 하니 이만한 보배가 어디 있겠소.”

　조선 사람들에게는 가장 흉포한 일본군 장군으로 이름 높았던 가토 기요마사 앞에서 ‘당신 머리가 큰 보물’이라고 내지른 셈입니다. 속된 말로 ‘간이 배 밖에 나온’ 일인지도 모릅니다. 그만큼 사명대사는 담대한 사람이었습니다.

　일본에서도 ‘설보화상設寶和尙’, 즉 보물을 말하는 스님이라는 명성을 얻을 정도였지요. 동시에 이 일화는 사명대사가 적의 예상을 뛰어넘는 탁월한 외교관이었음을 드러내 주기도 합니다.

　사명대사는 일본군의 두 유력한 장수 가토 기요마사와 고니시 유키나가의 사이가 좋지 않다는 걸 알았기에 일본군 내부의 불화를 부채질할 의도를 지니고 있었으며, 심지어 가토에게 ‘당신 같은 영웅이 왜 도요토미 히데요시 밑에서 부하 노릇을 하느냐’며 부추기기도 했습니다. 즉, “당신 머리가 조선의 보물”이라는 얘기는 ‘조선 사람들은 (다른 장수들은 다 허접하게 치는 반면) 당신을 일본에서 가장 위대한 장수로 보고 있다’고 치켜세우고, 나아가 ‘당신이 도요토미 히데요시보다 위’라고 꼬드기는 외교적 수사를 발휘한 것일 수도 있습니다.

　사명대사는 네 차례에 걸친 가토 기요마사와의 회담 후 다음과 같은 보고를 올립니다.

　“일본은 분명히 다시 쳐들어올 것입니다. 이를 수수방관하지 마시고 병력을 총동원해 육로와 수로로 협공하여 적을 섬멸해야 합니다."

1597년 4월 마지막 회담이 끝나고 넉 달 뒤 일본군 14만 대군이 다시금 조선에 상륙합니다. 이른바 정유재란이었죠. 사명대사는 이 정유재란을 정확히 예측했던 겁니다.

1598년 7월, 조선 침략의 원흉 도요토미 히데요시가 사망합니다. 그는 죽으면서 조선에서 군대를 철수시키라는 유언을 남겼고 그가 죽은 이상 일본군도 더 이상 조선에서 버틸 의지가 없었습니다. 철수하는 일본군을 가로막고 마지막까지 타격을 주려 했던 이순신의 노량해전을 마지막으로 일본군은 조선 땅에서 자취를 감추었습니다. 햇수로 7년간의 전쟁이 끝난 거지요.

비공식 사절이 일본 본토까지 진출하다

전쟁이 끝나도 그 뒤에는 항상 외교전의 무대가 펼쳐지게 마련입니다. 전쟁을 완벽히 마무리하려면 단순히 전쟁을 멈추는 것이 아니라 전쟁이 끝났음을 공식 선언하고, 서로의 조건을 만족시켜 평화를 이루고 국교를 회복하는 데까지 나아가야 합니다.

일본의 조선 침략의 선봉이자 길잡이 역할을 했던 대마도의 경우, 그 입장이 더욱 다급했습니다. 대마도는 조선의 도움 없이는 살아갈 수 없는 척박한 땅이었습니다. 어떻게든 계속 조선과

정유재란 때 울산왜성에서 벌어진 전투를 묘사한 작품

교역해야 했던 대마도는 조선 조정에 평화를 구걸하기도 하고 무력을 동원해 다시 쳐들어올지 모른다고 으르렁거리기도 했지요. 철천지원수들과 무슨 평화를 이루겠느냐고 이를 갈던 조선 조정으로서도 일본과의 외교 문제를 마냥 방치할 수는 없었습니다.

하지만 공식적으로 평화 회담에 나서는 것도 여의치 않았습니다. 일단 조선을 도와준 명나라의 눈치도 봐야 했고 전쟁 때문에 처참하게 망가진 나라에서 공식 사절을 일본에 파견하는 것도 부담스러운 일이었습니다.

　그렇기 때문에 나라의 외교를 맡은 관리, 즉 공식적 외교 사절은 아니지만 유능한 외교력을 발휘하여 불과 몇 년 전까지 전쟁 상대였던 일본을 상대할 만한 사람이 필요했습니다. 조선 조정의 선택은 사명대사였습니다.

　당시 비변사(조선 시대에 군국의 사무를 맡던 관아)는 사명대사를 외교 사절로 추천하면서 이렇게 말합니다.

> 유정(사명대사)이 왕년에 여러 차례 가토 기요마사의
> 진영을 드나들 때에 당당하게 대화하며 비굴하지 않았는데,
> 청정(가토 기요마사)이 이를 매우 좋게 보아 유정의 사람 됨을
> 칭찬했기 때문에, 일본에서 탈출해 온 사람들이 많이 말하기를
> '왜인들이 송운(松雲, 사명대사의 다른 이름)의 이름을 말하며
> 칭찬하였다'고 합니다.
> ─《조선왕조실록》, 선조 37년 3월 14일

한편, 여기에는 이런 의도도 숨어 있었습니다.

　'대마도로 가면 일본 본토로 가자고 협박할 것인데 사명대사라면 백성들을 구제하는 일 외에는 산속에 사는 승려가 알 바가 아니라고 답변할 수 있습니다. 사명대사가 협박당해도 다만

죽을 각오로 완강히 거절하여 국가에 치욕을 남기는 일이 없게 해야 합니다.'

즉, 협박당하거나 죽음을 무릅쓸 일도 있을 텐데, 정식 관리가 아닌 승려라면 부담이 없다는 얄팍한 속내도 끼어 있었던 것입니다. 이런 복잡한 사정 속에서 마침내 사명대사는 대마도로 향하고 조선 침략의 선봉장이었던 대마도주 소오 요시토시와 마주합니다.

"일본 내부 사정도 많이 변했습니다. 조선을 침공했던 도요토미 히데요시 가문은 몰락했고 새로이 도쿠가와 이에야스께서 '쇼군'이 되어 정권을 잡으셨소."

"그는 조선과의 평화를 원하오?"

"당연합니다. 그는 조선에 군대도 보내지 않으셨소."

"평화가 쇼군의 뜻이라니 일본으로 건너가 쇼군을 만나 봐야겠소."

원래 사명대사의 임무는 대마도주를 만나 평화를 논하고 다시 조선으로 쳐들어올 것인가에 대한 정황을 탐지하는 것이었습니다. 일본 본토로 건너가는 것은 예정에 없던 일이었지요. 그러나 사명대사는 대마도에서 석 달가량 머문 뒤 일본으로 건너갑니다. 정식 국서도 없는 승려 신분임에도 당시 조선의 어느 관리도 만난 적 없는 일본의 최고 실권자 도쿠가와 이에야스를 만나러 간 겁니다.

사명대사는 교토의 후시미성에서 도쿠가와 이에야스와 두 번에 걸쳐 회담을 갖게 되죠. 도쿠가와 이에야스는 자신은 도요토미 막부와 다른 정부임을 분명히 하고 조선과 강화를 맺고 싶다고 밝힙니다. 거기에 대해 사명대사는 먼저 그 징표로 일본이 전쟁 책임을 인정하는 국서를 보낼 것, 그리고 왕릉을 도굴한 자들을 조선으로 보낼 것을 요구합니다.

이 일본 여정에서 사명대사가 펼친 도술 이야기나 일본인들의 속임수에 의연히 대처한 일화들이 많이 남아 있습니다. 그중 하나로, 일본인들이 사명대사를 목욕탕으로 안내했는데 탕 바닥엔 독사가 우글거렸다고 합니다. 하지만 사명대사는 태연히 탕 안에 염주를 던지고 그것이 뱀 곁에 떨어지지 않자 아무렇지도 않게 들어가 목욕을 했다지요. 일본인들이 탕 바닥에 유리를 깔고 사명대사를 시험했다는 겁니다.

이런 일화는 사명대사가 도쿠가와 이에야스와 만나기까지 얼마나 고생을 했을지를 은연중에 설명하고 있다고 볼 수 있습니다. 도쿠가와 이에야스는 조선과의 평화에 사활을 걸어야 했던 대마도 쪽과는 또 다른 입장이었으므로, 그와 평화를 논하고 전쟁 때 끌고 간 조선인 포로들을 돌려달라고 요구하는 건 매우 고난도의 외교 협상이었기 때문이지요.

이 여정에서 사명대사가 구체적으로 어떤 협상을 했는지, 어떤 일을 벌였는지 기록은 남아 있지 않습니다. 하지만 그의 시와 편지, 이런저런 글을 모은 기록인 《사명당집》을 보면, 벼슬아치도 아니면서 나랏일을 떠맡아 적국을 가로지르며 온갖 몸 고생 마음고생을 했던, 그러나 결코 꺾임이 없었던 그의 면모를 엿볼 수 있지요.

원수와 평화를 논해야 하는 심정

일본으로 들어가기 전 그는 이렇게 노래합니다.

"팔 굽히고 허리 꺾는 일 내 뜻이 아닐진대, 어찌 머리 숙여 원수의 집에 들어가나."

7년간의 전쟁 동안 수많은 사람들이 죽었습니다. 사명대사가 아끼는 제자들, 알고 지내던 백성들도 숱하게 죽었습니다. 그 원수를 채 갚기는커녕 그들과 평화를 논하러 바다를 건너려니 분통이 터지기도 했겠지요. 그러나 그는 일본에 입국한 후 이렇게 다짐합니다.

"거칠고도 먼 오랑캐 땅에 흘러와 꿈속에서나 고향 땅 그린다네. 삶과 죽음은 원래 천명에 달린 법. 어찌 갈 길 다 했다 탄식하리오."

일본 승려들은 사명대사에게, 도쿠가와 이에야스는 도요토미 히데요시와 달리 전쟁을 싫어하여 사람들이 복종하고, 히데요시의 아들 히데요리는 살아남기도 어렵게 됐다는 말을 전합니다. 사명대사는 다음과 같은 불호령을 담은 시로 답하지요.

"남의 아비 죽이고 남의 형을 죽이면 남도 응당 너의 아비, 형을 죽이리라. 어찌 네게 돌아올 것은 생각하지 않고, 남의 아비 죽이고 남의 형 죽이는가."

또 한 번은 일본군 장수가 일본 역사의 큰 인물을 얘기하며 그 위업에 대해 시를 남겨 달라고 하자 이런 시를 지어 내밉니다.

"그는 어떤 사람이고 그대는 어떤 사람인가. 그는 앞선 사람이고 그대는 뒷사람일 뿐. 만일 그대 본심을 머지않아 회복한다면 그는 어진 이요, 그대 또한 어진 이라네."

이는 시를 청한 일본군 장수뿐 아니라 전쟁을 치른 모든 일본인들에게 던지는 메시지였겠지요.

조선의 정식 사절이 아니라서 제대로 된 지원도 받지 못했던 비공식 외교 사절 사명대사는 어려운 전후 협상의 물꼬를 틉니다. 사명대사의 귀국 전까지 조선 조정은 그저 목만 늘이고 그의 소식을 기다릴 뿐이었습니다.

"도대체 사명대사는 어디에 있고 어떻게 된 것이냐."

그 조마조마한 기다림 끝에 사명대사가 조선인 포로 수천 명을 데리고 조선으로 귀환하던 순간, 조선 사람들은 환호성을

사명대사의 공과 충절을 기리는 밀양 표충비(表忠碑)

울렸습니다. 이후로도 우여곡절은 있었으나 1607년(선조 40년) 467명의 통신사가 일본을 방문하면서 조선과 일본은 공식적으로 화해하게 되지요.

전쟁에 뛰어들어 빛나는 무공을 세우고, 전쟁 중 적과 접촉하며 적의 사정과 비밀을 탐지해 내고, 전쟁이 끝난 뒤에는 평화의 길을 열었던 외교관. 이런 '멀티 플레이어'가 사명대사였습니다.

임진왜란을 겪은 조선 임금 선조는 머리는 좋았으나 그 별난 성격과 좁은 성품 탓에 실수도 많았던 임금입니다. 하지만 그는 조선 왕조 임금 중에서는 행운아로 불릴 만한 임금이었습니다. 우리 역사 최대의 국난이라 할 임진왜란은 참혹하기 그지없었으나 그야말로 별 같은 인재들이 쏟아져 나와 위기를 넘어서고 조선 왕조의 운명을 300년 더 연장할 수 있었으니까요. 이순신, 유성룡, 이항복, 이덕형, 권율, 곽재우, 김시민 등등의 이름을 떠올리면, 한 임금의 밑에서 어떻게 이런 빼어난 인물들이 한꺼번에 쏟아져 나왔을까 감탄하게 됩니다. 그 가운데에서도 사명대사 유정의 이름은 큼직하고 환하게 빛나고 있지요.

7

최악의 상황에도
길을 찾는 사람

↓

최명길

1586~1647

조선 중기의 문신

1623년 음력 3월 12일 밤, 창덕궁에서 요란한 함성 소리와 함께 불길이 솟았습니다. 수백 명의 무장한 군중이 창덕궁 문을 부수고 쳐들어오는 와중에 난 불이었습니다. 이른바 인조반정이 성공하는 순간이었지요.

임금 광해군은 화급히 궁궐 담을 넘어 도망가 민가에 숨었지만 곧 체포되어 폐위됐습니다. 옥새는 서궁, 즉 경희궁에 유폐되어 있던 인목대비에게 넘어갔고 인목대비는 반정의 주동자인 능양군을 왕위에 올리니 이 사람이 조선 16대 임금 인조입니다.

인조반정을 일으킨 명분은 크게 세 가지였습니다. 광해군이 선조의 부인인 인목대비를 폐하고 그 아들 영창대군을 죽였다는 것이 하나, 무리한 궁궐 공사를 벌여 백성을 도탄에 빠뜨렸다는 것이 둘, 마지막으로는 명나라가 베풀어 준 은혜를 배반하고 오랑캐(후금)와 화친했다는, 즉 가깝게 지냈다는 것이었습니다. 앞의 두 가지는 반박하기 어려운 잘못이라 할 수 있겠습니다만, 세 번째는 광해군으로서도 할 말이 많았을 겁니다.

광해군은 왕세자로서 임진왜란을 겪으며 명나라 군대의 무능함을 생생히 지켜보았고, 명나라가 망해 간다는 점을 알고 있었습니다. 그 틈을 타 만주족의 후금이 요동 일대의 명나라 세력을 제압하는 상황에서 조선은 중립 외교를 펼쳐 스스로를 지켜야 한다고 보았습니다. 명나라의 요구와 그 은혜를 잊지 말아야 한다는 신하들의 등쌀에 못 이겨 구원군을 파견하기도 했으나 명나라 군대가 전멸하고 조선군 역시 참혹한 패배를 당했던 뒤로는 더욱 그랬습니다.

하지만 당시 조선의 선비들은 조선 초기처럼 필요에 따라 명나라를 섬기는 것이 아니라, "명나라는 우리나라의 부모의 나라이고 후금은 우리나라에 있어서 부모의 원수"(조선의 문신으로 청나라에 끌려가 사형을 당한 윤집의 상소문 중)라는 식의 맹목적인 사대주의에 빠져 있었습니다. 그러니 광해군의 행동을 용납할 수 없었지요. 인조반정은 광해군이 펴던 중립 외교 노선에서 명나라와의 의리를 지키는 편으로 기우는 전환점이기도 했습니다.

'누구의 편인가'보다 중요한 것

반정 직후, '반정 4대장' 중 하나로서 새로운 권력 실세로 떠오른 김류의 집에 한 손님이 급히 찾아왔습니다.

"누가 이 밤중에 나를 만나자고 찾아온 것이냐?"

김류의 말에서는 짜증이 배어 나왔습니다. 하지만 하인도 난처한 표정을 지었습니다.

"반드시 오늘 만나야 한다고 합니다. 손님 이름은 최명길이라 전하라 하였습니다."

"최명길?"

김류의 눈썹이 꿈틀했습니다. 최명길이라면 인조반정에서 자신과 더불어 1등 공신에 오른 사람이었습니다. 수완이 좋고 꾀가 많아 반정 계획 수립에도 공이 컸던 그가 급히 김류의 집을 찾은 것입니다.

김류와 마주 앉은 최명길은 바로 용건을 꺼냈습니다.

"대감. 평안감사 박엽을 살려야 합니다."

"무슨 소리요. 그자를 살려 두고 어찌 밤잠을 편히 잘 수 있겠소."

박엽은 인조반정 당시 평안감사를 맡아 서북쪽의 방비를 책임지던 사람입니다. 박엽에 대한 평가는 극과 극으로 엇갈립니다. 그가 탐욕스럽고 사람 죽이기 좋아하여 후일 죽음을 당한 뒤 백성들이 달려들어 그 시신을 갈기갈기 찢었다는 기록도 있지만, 반면에 그가 있어서 오랑캐들이 국경을 넘볼 수 없었다는 평가도 있지요.

무엇보다 그는 광해군의 두터운 신임 속에 6년 동안 평안감사로 있으면서 후금과의 외교와 정세 염탐, 정보 수집을 책임지던 사람이었습니다. 인조반정의 주역들로서는 매우 껄끄러운 존재일 수밖에 없었죠.

"박엽을 죽여서는 안 됩니다. 박엽은 지략이 뛰어난 장수입니다. 그를 살려 두어야 오랑캐의 침략을 막을 수 있을 것입니다."

그러나 김류는 최명길의 말을 듣지 않고 사람을 보내 평안감사 박엽과 최전방의 지휘관 의주부윤을 죽입니다. 광해군이 폈던 정책을 거두겠다는 살벌한 의사 표현이었지요. 동시에 조선으로서는 후금의 정세에 정통하고 군대를 제대로 지휘할 줄 아는 유능한 지휘관들을 잃어버린 셈이었습니다.

최명길은 이를 두고두고 통탄합니다. 훗날 병자호란이 일어난 뒤 김류에게 편지를 보내 직격탄을 퍼붓기도 했지요. 최명길에게 중요한 것은 어떤 이가 누구의 편인가가 아니라 나라를 위해 무엇을 할 줄 아는 인물인가 하는 것이었습니다.

박엽은 생전에 중국어를 잘해서, 후금에 쫓겨 조선으로 온 명나라 장수 모문룡을 적절히 다룰 수 있었고 후금과의 외교도 능숙하게 해 내던 인물입니다. 비록 당파가 다르고 반정으로 쫓겨난 임금의 측근이었으나 최명길이 서슴없이 손을 내밀었던 이유이지요.

입으로 전쟁하는 딱한 선비들 사이에서

인조가 왕위에 오른 다음 해, 반정에서 절대적인 공을 세웠던 장수 이괄이 평안도에서 반란을 일으킵니다. 이괄은 여러 차례 관군을 격파한 후 한양을 점령하여 기세를 올렸고 인조는 공주로 피난 가는 신세가 됩니다. 전열을 가다듬은 관군이 반란군을 무찌르고 이괄은 부하 장수들에게 죽음을 당하는 것으로 반란은 마무리됐으나 조선이 입은 상처는 컸습니다. 서북 변경을 지키던 정예 병력을 크게 잃었고, 비축해 놓은 군비도 사라졌습니다.

또 이괄의 잔당들이 압록강을 건너가 후금에 항복하고, 인조가 명나라 편이며 후금에 반하는 정책을 편다고 폭로했지요. 후금으로서도 대륙의 명나라를 정복하기 이전에 뒤통수를 칠지도 모를 조선의 기를 꺾어 놓을 필요가 있었습니다. 마침내 1627년 후금은 3만 군대를 일으켜 조선을 침공합니다. 정묘호란이었지요.

후금의 정예군 앞에 조선군은 막대 인형처럼 무너져 갔습

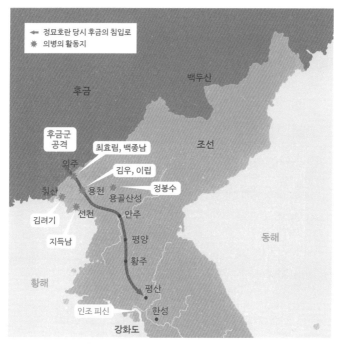

정묘호란 때 후금의 침입 경로

니다. 이괄의 난에 타격을 입었을 뿐 아니라, 유능한 장수 박엽을 죽였듯 눈에 거슬리는 장수들을 빈틈없이 감시해 왔기에 장수들은 군대를 훈련시키는 것조차 껄끄러워했습니다.

평안도 지역의 조선군 사령관 남이흥은 안주성을 사수하다가 적군이 성내로 들어오자 폭탄을 터뜨려 자폭했는데 죽기 전 이렇게 부르짖었다 합니다.

최명길

> "장수가 되어 습진 한번 해 보지 못한 것이 한스럽다."
> – 《조선왕조실록》, 인조 5년 2월 10일

습진習陣이란 병사들을 훈련시켜 전투 진용을 갖추는 일입니다. 명색이 평안도 군대의 책임자가 군대를 제대로 훈련시키기도 어려웠다는 뜻입니다. 조정의 감시 때문이었지요.

이런 상황에서 후금군은 파죽지세로 남하합니다. 후금군을 막아설 만한 병력이 조선에는 없다시피 했습니다. 인조는 또다시 피난길을 떠나 강화도로 들어갑니다.

그런데 후금군 사령관 귀영개는 황해도 평산까지 내려오는 동안 여러 차례 편지를 보냅니다. 화친을 의논하자는 것이었지요. 조선 조정으로서는 곤혹스러운 일이었습니다. 오랑캐와 화친했다는 이유로 광해군을 쫓아낸 마당에 후금의 사신을 맞아들이는 것은, 모양새가 나쁜 정도가 아니라 자신들의 정통성을 위협할 수도 있는 일이었으니까요.

이때 최명길은 후금의 사신을 받아들이자고 제안합니다. 그가 열정적으로 쏟아 낸 말들은 명나라에 대한 사대의식으로 그득했던 벼슬아치들을 기겁하게 만들기에 충분했습니다.

"교전 중에도 사신은 왕래하는 법이니 무턱대고 배척하거나 거절해서는 안 됩니다."

이조차도 만만치 않은 발언인데 최명길은 더 나아가 그야말로 폭탄을 던져 버립니다.

"우리나라가 고려 때부터 금과 송을 아울러 섬겼으니 이제 와서 따르지 않으려 해도 그것이 가능하겠습니까."

고려 때 거란족의 요나라나 후금의 조상 금나라가 화북 지역을 지배하고 송나라와 맞설 때, 고려가 양쪽을 섬기는 동시에 견제하면서 국익을 챙긴 사실을 떠올리게 한 것입니다.

제 나라와 백성보다 명나라에 대한 충성심이 하늘을 찌르던 이들로서는 눈에 불을 켤 말이었습니다. 이후 후금과 '형제 관계'를 전제로 한 화친이 맺어진 뒤에 화친을 주도한 최명길의 목을 베라는 원성이 사방에서 터져 나왔던 건 당연한 일이었지요.

그러나 이렇게 입으로만 전쟁을 하고 외교의 기본을 내던지는 딱한 선비들의 등 뒤에서 조선을 둘러싼 국제 정세는 시시각각으로 변해 갔습니다.

후금은 명나라와 싸울 때마다 승리했고, 몽골 일대까지 수중에 넣었습니다. 그리고 나라 이름을 청淸으로 바꾸고 황제를 칭하게 됩니다. 이제 청나라는 조선에게 형제의 예가 아니라 군신君臣의 예, 즉 이전까지 명나라에게 바치던 충성심을 자신에게로 돌릴 것을 요구합니다. 당시 조선 조정과 신하들로서는 용납하기 어려운 일이었지요.

청에게 전쟁 선포의 명분을 주다

1636년 4월 11일 청 태종 홍타이지가 거창하게 황제 즉위식을 열 때, 조선의 사신들도 그곳에 있었습니다. 참여한 모든 사람이 삼배구고두三拜九叩頭, 즉 세 번 절할 때마다 땅에 머리를 조아리는 예를 행하고 있는데 조선의 사신 나덕헌과 이확은 절하기를 거부합니다.

"우리에게 명나라 황제 이외에 다른 황제는 없소!"

청나라로서는 최대의 경삿날 찬물을 끼얹은 듯한 돌발 행동이었습니다.

"이런 건방진 놈들을 보았나. 너희가 죽으려고 환장을 했구나. 어서 무릎을 꿇지 못하겠느냐."

청나라 사람들이 억지로 무릎을 꿇렸으나 나덕헌과 이확은 필사적으로 일어섰고 이 난리통에 그들의 옷은 갈기갈기 찢겨 나갔습니다. 거의 알몸뚱이가 되어서도 절하지 못하겠다고 버티는 조선 사신들을 죽이자는 목소리가 곳곳에서 나왔습니다. 만주족들도, 그에 항복한 전 명나라 사람들도, 몽골에서 온 축하 사절들도 모두 이를 갈았습니다.

"황제 폐하. 저들을 죽여 없애십시오."

그러나 청 태종은 냉정했습니다.

"하찮은 분노 때문에 사신을 죽여서야 쓰겠느냐. 그만두어라."

청나라 제2대 황제 홍타이지(숭덕제)의 초상

　이는 결코 관대함이 아니었습니다. 오히려 이 순간 청 태종은 전쟁을 결심했을지도 모릅니다.

　1636년 3월, 그러니까 청 태종의 황제 즉위보다 한 달쯤 앞서 인조 임금은 감히 황제를 칭하려는 후금과 외교를 끊고 전쟁을 준비하자는 절화교서絶和敎書를 전국에 내립니다.

　　　　　　　　최명길

…이 오랑캐가 더욱 창궐하여 감히 참람한 칭호를 가지고
의논한다고 핑계를 대면서 갑자기 글을 보내 왔다. 이것을 어찌
우리나라 군신이 차마 들을 수 있겠는가. 이에 누가 강하고 약하든,
또 나라가 살아남든 망하든 그를 계산하지 않고 오로지 정의로
결단을 내려 그 글을 물리치고 받아들이지 않았다.
－《조선왕조실록》, 인조 14년, 3월 1일

그런데 이즈음 인조의 왕비 인열왕후 한씨의 초상을 빌미
로 후금의 사신들이 조선에 들어와 있었습니다. 이들은 왕후 조
문은 뒷전에 둔 채 홍타이지의 황제 즉위 인정을 요구하다가 냉
대를 받고 도망치듯 철수하게 됩니다. 후금 사신들을 죽이라는
아우성이 빗발치니 그들도 생명의 위협을 느꼈고 그 행렬에 백
성들이 돌을 던질 정도로 험악한 분위기였지요.

전쟁 준비가 안 된 상황에서 외국의 사신을 이렇게 대한 것
도 문제였지만 가장 심각한 점은 이들이 귀국하면서 인조가 전
국에 뿌린 절화교서까지 입수해 갔다는 것입니다. 외교적으로
크나큰 실책이었죠. 근거도 능력도 없는 각오를 과시하면서, 후
금의 칸에서 청나라의 황제로 즉위한 홍타이지에게 완벽한 전
쟁 선포의 명분을 주었기 때문입니다.

이렇게 조선의 움직임을 낱낱이 읽고 있으면서도 홍타이지

는 자신에게 황제에 대한 예를 갖추기를 거부하는 조선 사신들에게 푸짐한 선물까지 주어 돌려보냅니다. 하지만 국서 내용은 준엄했지요. 우리가 전쟁을 일으키더라도 그건 내 탓이 아니라 조선 왕이 자초한 일이라는 것을 명심하라는 내용이었습니다.

꽁꽁 얼어붙은 강 위로 청군이 몰려옵니다

이렇게 청 태종이 조선 침공의 명분을 분명히 제시하고 있는 판에 조선에서는 전혀 다른 의미의 소동이 일어났습니다. 이런 시건방지고 무례한 국서를 받아온 나덕헌과 이확을 죽이고 청과의 관계를 완전히 끊어야 한다는 목소리가 하늘을 찌른 겁니다. 신흥 강국이 칼을 겨누고 있는데 그저 입으로만 전쟁을 치르려는 조선 사람들. 여기에 제동을 걸어 보려고 발버둥 친 것이 최명길이었습니다. 사신을 못 보내겠으면 역관이라도 보내서 청 내부의 상황을 파악해야 한다고 주장했지요.

최명길은 전쟁이 터질 경우의 상황을 정확히 예측하고 있었습니다. 전쟁이 났을 때 임금은 강화도로 피난 가고, 도원수는 산성으로 들어가 버리면 허술한 국경 지대 수비는 그대로 뚫리는 현실을 지적하며, 어떻게든 청나라의 동태를 파악해야 한다고 역설했습니다. 그때껏 입으로만 외교와 전쟁 모두를 치러 온 이들은 또 벌떼같이 일어나 최명길을 공격합니다.

"진회보다도 나쁜 놈!"

진회는 중국 대륙에서 금나라와 남송이 대결하던 무렵, 금나라와 화친을 주장하며 남송의 영웅들을 죽였던 간신으로 오늘날 현대의 중국에서도 지탄을 받는 인물입니다. 하물며 당시로서는 그 이상의 모욕이 없었겠지요. 이런 모욕 속에서도 최명길은 목소리 내기를 멈추지 않았습니다.

최명길의 고군분투에도 불구하고 마침내 청나라는 조선을 침공합니다. 1636년 병자년이 거의 저물어 가던 한겨울, 조선의 강이 꽁꽁 얼어붙어 기병대가 그 위를 걸어서 지날 수 있게 되자 청나라 대군은 압록강을 건너옵니다. 국경 지대 조선군은 그때껏 세웠던 작전대로 산성에 들어가 농성했으나 청군은 꼭 필요한 경우가 아닌 한, 큰길에서 벗어난 산성을 공략하지 않고 한양을 향해 직진했습니다. 그러다 압록강을 건넌 것이 12월 9일이었는데, 조선 조정은 12일이 돼서야 전쟁 발발 사실을 알게 되지요. 13일에는 적이 평양을 지나갔다는 장계가 올라오더니 그다음 날 바로 적이 서울 코앞인 개성을 통과했다는 급보가 날아듭니다.

청나라의 기마 군단은 국경을 넘은 지 1주일도 안 돼서 오늘날의 은평구 불광동 근처까지 진출했고 강화도로 피난 가려던 인조 임금의 발길을 끊어 놓습니다. 그야말로 전광석화. 당시 사람들로서는 청나라군이 축지법을 쓰지 않나 의심했을 듯한 엄청난 속도였습니다.

강화도로 가는 길이 끊겼으면 어디로 가야 하는가. 암담한 상황에서 나선 것이 또 최명길이었습니다.

"소신이 적진에 나아가 전쟁을 일으킨 이유를 물으며 시간을 끌겠습니다. 전하께서는 그 틈을 이용하시어 남한산성으로 가시옵소서."

나라가 있어야 뭐라도 하지

북풍을 우리 말로 '된바람'이라고 합니다. 그리고 북쪽에 살던 만주 사람들을 '되놈'이라고 불렀죠. 살을 에는 된바람을 맞으며, 자신이 그렇게도 주의해야 한다고 부르짖은 '되놈'들의 군대를 찾아가는 최명길은 처량하고도 외로웠을 겁니다. 사나운 적의 칼에 허무하게 목이 날아갈지도 모르는 상황이었습니다. 실제 적진에 뛰어든 사신, 외교관이 목숨을 잃은 사례는 헤아릴 수 없이 많았습니다. 최명길은 오롯이 혼자였습니다. 최명길의 목을 베라고 외치던 이들은 수백, 수천이었지만 전쟁 앞에서 그들은 아무것도 할 수 없었고 하지도 않았습니다.

최명길은 이를 악물었습니다. 여기서 시간을 끌지 못하면 임금은 피난도 못 가 보고 청나라 군대에 사로잡힐 판이었습니다. 이미 청나라 선봉대는 무악재 턱에 닿았고, 무악재를 넘어서면 바로 한양이었으니까요.

선봉을 맡은 청나라 장수는 마부대라는 사람이었습니다. 최명길은 이맛살을 찌푸렸습니다. 마부대는 인열왕후 조문 사신으로 와서 냉대를 받고 돌을 맞으며 쫓겨 갔던 바로 그 사람이었기 때문입니다.

"도대체 왜 군대를 일으켜 여기까지 오신 겁니까?"

최명길이 다급하게 물었지만 마부대는 느긋하게 능글거리며 대꾸했습니다.

"조선이 이전의 맹약을 어겼으니 새 화친을 맺으러 왔소."

최명길로서는 헷갈릴 수밖에 없었지요. 하지만 이는 청 태종이 대군을 아끌고 직접 내려오는 상황에서 조선을 혼란에 빠뜨리려는 거짓 대답이었습니다. 어쨌든 최명길이 목숨 걸고 청군 진영에 뛰어들어 마부대와 대화를 나누는 동안 임금은 안전하게 남한산성에 도착할 수 있었습니다.

그러나 그뿐이었습니다. 속속 한양으로 집결한 청나라 군대는 남한산성을 완전히 포위하고 조선 임금 일행과 성 안에 있던 1만 3,000명의 수비군을 독 안의 쥐로 만듭니다. 한 맺힌 남한산성 농성의 시작이었죠.

조선 조정은 각 지방에서 올라오는 근왕병에게 기대를 걸었지만 남한산성에 접근하는 족족 격파당하거나 역부족으로 물러섰습니다. 성 밖으로 나가 전투를 벌여 보았지만 포위망을 뚫기란 불가능했죠.

그해 겨울 추위는 유난히 모질어 성을 지키던 병사들이 속절없이 얼어죽고 동상에 걸려 살이 썩어 들어갔습니다. 농성 준비도 돼 있지 않았던 탓에 병사들은 말할 것도 없고, 임금 이하 대신들조차 제대로 된 밥상을 받지 못할 형편이었습니다.

이 지경이 돼서도 어떤 이는 최명길 등 화친을 주장하는 이의 목을 베라고 아우성쳤습니다. 그러든 말든 최명길은 청나라와의 교섭을 계속해 나갔습니다.

"나라가 있고서야 그다음을 노려 볼 수 있는 것이다."

찢는 이, 이어 붙이는 이

요즘 우리는 '밀당'이라는 말을 씁니다. 연인이 되기 전 이른바 '썸'을 탈 때 쓰는 말이지요. 이 '밀당'은 외교의 기본이기도 합니다. 강자와 약자, 큰 나라와 작은 나라, 또는 고만고만한 나라들 사이에서 서로의 이익과 손해를 저울질하며 버티고 내지르고 토라지고 베푸는 모든 과정이 외교전에서 펼쳐지죠.

병자호란의 절망적인 농성 와중에 최명길은 시간을 끌수록 불리한 상황에서, 이미 자신들의 목표를 명확히 두고 전혀 양보

할 생각이 없는 청나라 황제와 악착같이 밀고 당기는 '밀당'을 펼쳐야 했습니다.

"임진왜란 때 천하의 군사를 동원하여 우리를 도와준 명나라와의 의리를 완전히 저버릴 수는 없습니다."

"천하는 크고 나라는 많다. 너희는 왜 명나라를 두고 '천하'라 하느냐. 정말 웃기고 있구나."

"남한산성을 함락시킨다면 시체 더미 외에는 볼 일이 없을 것입니다. 죄를 뉘우치는 우리 조선을 용서하여 포위를 풀어 주신다면 조선의 은인이 되는 것이니 얼마나 좋은 일입니까?"

"잔소리하지 말고 무조건 성에서 나와 항복하고 신하로서 복종하라."

최명길로서는 임금이 성을 나가 항복하는 것만은 막고 싶었습니다. 한때 오랑캐라 부르던 나라의 임금을 '황제'로 칭하고 그 신하가 되겠노라 자처하는 것까지는 어쩔 수 없었으나, 국왕이 무슨 일을 당할지 모르는 상태에서 성을 나가 항복하는 것은 위험했습니다. 최명길은 다시 국서를 씁니다.

"겹겹의 포위가 풀리지 않고 있고, 황제께서 화를 내고 계시니 이곳에 있으나 성을 나가나 죽기는 마찬가지 아니겠습니까. 삼가 생각건대 황제의 덕이 하늘과 같아 반드시 불쌍하게 여겨 용서하실 것이기에, 감히 속사정을 토로하며 공손히 은혜로운 분부를 기다립니다."

그때 예조판서 김상헌이 뛰어듭니다. 죽을 때까지 청나라와 맞서자고 주장하는 '척화신斥和臣'의 대표 격인 인물이었지요.

"대감도 배울 만큼 배운 사람인데 어찌 이런 일을 하시오!" 김상헌은 울부짖으면서 최명길이 쓰던 국서를 갈가리 찢어 버립니다. 언뜻 용감하고 장렬해 보이지만 사실상 무모한 행동이었습니다. 국서를 찢는다는 것은 외교의 문을 닫아건 채 목숨을 걸고 전쟁을 계속하겠다는 뜻이었으니까요. 하지만 김상헌이 직접 칼을 휘두를 사람도 아니었고, 정작 총칼 들고 청나라 군대로 돌격해야 할 병사들은 오히려 '척화신들이 직접 싸우게 하라'고 시위를 하는 판이었습니다.

최명길은 찢어진 국서 조각들을 주웠습니다.

"찢는 이가 있으면 이어 붙이는 이도 있어야 합니다."

죽음을 각오하고 싸우지 못할 바에는 살아서 부끄러움을 견뎌야 하고, 그 와중에도 어떻게든 우리 입장을 받아들이게 해야 했습니다.

그래도 청나라 태종은 완고했습니다. 그가 황제의 자리에 오를 때 조선 사신들이 모질게 두들겨 맞으면서도 무릎 꿇기를 거부했던 사건은 그의 머릿속에 깊게 새겨져 있었을 겁니다. 최명길의 애타는 호소에도 불구하고 청 태종은 조선 국왕 인조가 성 밖으로 직접 나와 엎드려 항복하라는 조건을 거두지 않았습니다. 그래서 최명길이 마지막 조건으로 내건 것은 국왕의 안전이었습니다.

"300년 지켜온 종묘사직과 수천 리 강토와 백성을 폐하께 맡기게 되었으니 그 정성을 보아 안심하고 귀순할 수 있는 길을 열어 주시옵소서."

12세기, 만주족의 조상 여진족이 강성해져 세운 금나라가 송나라의 수도를 점령하고 황제를 만주로 끌고 가 버린 일이 있었습니다. 이를 '정강의 변靖康之變'이라 부르지요. 이로써 송나라가 망하고 그 황족이 양자강 이남으로 도망가 남송을 세워 명맥을 유지한 바 있습니다. 왕이 곧 나라였고 그래서 '나랏님'이라 불렸던 조선에서 그런 사태는 곧 나라의 멸망과도 다름없는 일이었습니다.

청 태종은 결국 인조의 안전만큼은 보장했고 마침내 인조는 성을 나와 한강변 삼전도에서 세 번 절하고 아홉 번 머리를 조아리는, 이른바 '삼전도 굴욕'을 겪게 됩니다. 이 참담한 광경을 본 많은 이들이 통곡했고 또 어떤 이들은 차마 볼 수 없다며 스스로 목숨을 끊으려고도 했으며, 벼슬을 집어던지고 고향으로 돌아가 버리기도 했습니다. 그러나 누군가는 항복 조건을 조율하고 전쟁 후 완전히 바뀌어 버린 외교 관계의 갈피를 잡아야 했습니다.

서울 송파구에 있는 삼전도비

최악의 상황에서도, 가장 어두운 순간에서도 빛을 잃지 않고 길을 찾아 나갔던 외교관, 그가 최명길이었습니다.

죄 없는 백성들을 지키는 외교

전쟁은 그렇게 끝났지만 이후로도 최명길의 여정은 편안하지 못했습니다. 새로운 상전 청나라와의 남은 협상을 비롯하여 풀어야 할 숙제가 산더미였으니까요.

1637년 좌의정에 오른 최명길은 청나라의 수도 심양으로 향합니다. 포로로 잡힌 백성들과 척화파 대신들을 돌려보내 달라고 청 태종에게 탄원하기 위해서였습니다.

최명길의 노력으로 수백 명의 백성들이 고국 땅을 밟을 수 있었지만 그중 여성들, 즉 "절개를 지키지 못하고 오랑캐에게 능욕당하고도 살아남은" 여성들에 대한 문제에 직면합니다. 이 여성들을 일컬어 '고향으로 돌아온 여자', 즉 '환향녀還鄉女'라고 칭했지요. 전쟁을 막지도 못하고, 자신의 아내와 딸을 지켜 내지도 못한 한심한 선비들이 이번에는 이 가련한 여성들을 받아들이지 못하겠다고 우겼습니다. 청나라에 끌려간 것도, 그 와중에 겪은 고통도 절대 백성들의 탓이 아니었는데 말입니다. 이에 대해 최명길은 또 한 번 열변을 토합니다.

"조정과 대신들이 방책을 마련하지 못한 잘못으로 욕을 당한 것 아닌가. 이들이 어디 원해서 그런 일을 당한 것인가. '환향녀'라고 비난해서도 안 되고, 이들과의 이혼을 허용해서도 안 된다. 이들을 이혼시켜 내치면 청나라에 호소하여 이들을 구해 온 명분이 사라지게 된다."

이때도 최명길은 엄청난 비난을 감당해야 했습니다. 객관적인 서술을 해야 할 실록의 사관조차 이렇게 기록해 놨을 정도였지요.

"정조를 잃은 부인을 다시 받아들여 부모를 섬기고 제사를 모시고 자손을 낳고 집안을 잇는다면, 어찌 이런 일이 있겠는가. 아, 백 년 동안 내려온 나라의 풍속을 무너뜨리고, 이 땅을 오랑캐 천지로 만든 자는 최명길이다."

그러나 최명길은 개의치 않았습니다. 그에게 절실한 것은 헛된 명성도, 가벼운 칭찬도, 뭇사람들의 추앙도 아니었습니다. 그저 현실 속에서 보다 많은 이에게, 그리고 나라에 유익한 것이 무엇일까 하는 고민뿐이었지요.

병자호란의 참혹한 상처가 채 가시기도 전, 청나라는 명나라를 치기 위한 군대를 바치라고 요구합니다. 지칠 대로 지친 조선으로서는 받아들이기 어려운 요구였거니와 명나라를 대놓고 적대하기도 난감한 일이었습니다. 또 최명길이 나설 수밖에 없었습니다. 그것도 서슬 푸른 청나라 황제의 면전에서 그 요구를 거절해야 하는 막막한 임무였지요. 길을 떠나기 전 최명길은 집안 사람들과 이별하며 이렇게 얘기합니다.

"이번에는 내 장례에 쓸 물건들을 가지고 가야겠다."

즉, 이번에는 살아 돌아올 수 없을 것 같다는 암담한 이별의 말이었지요.

그렇게 청 태종을 만난 자리에서 최명길은 필사적으로 호소합니다.

"우리가 청나라와 군신 관계를 맺었다고 하나, 어찌 오랫동안 섬겨 왔고 임진왜란 때 우리를 도왔던 명나라 정벌에 군대를 보낼 수 있겠습니까. 이것만은 도저히 받아들일 수 없습니다. 또 파병을 하려 해도 전쟁을 방금 치러 낸 나라에서 무슨 군대를 동원하겠습니까. 여기서 죽으라면 제가 죽겠습니다. 그러면 차라리 후세에 면목이라도 서지 않겠습니까."

"죽일 테면 나부터 죽여 봐라"라는 벼랑 끝 전술까지 감행하고서야 최명길은 파병 요구를 철회시킬 수 있었습니다.

저의 도는 둥근 고리와도 같아

최명길은 이후로도 청나라와의 관계에서 풀어야 할 문제 모두를 짊어져야 했습니다. 그러면서도 임경업과 협의하여 승려 독보를 명나라에 몰래 파견하는 등 비밀 외교도 포기하지 않았습니다. 의리도 의리지만, 명나라와 청나라의 형세가 또 언제 뒤바뀔지 모르는 상황에서 일방적으로 한쪽에 서는 것은 매우 불리한 일이기 때문입니다.

그러나 명나라의 병부상서, 즉 국방부 장관 격의 홍승주가 청나라에 투항하여 모든 비밀을 까발리면서 청나라는 발칵 뒤집히고 맙니다.

"이 일을 꾸민 놈들을 당장 우리에게 보내라."

명나라와의 내통 자체를 사실이 아닌 일로 잡아떼자는 의견도 있었지만 최명길은 반대합니다. 명나라의 병부상서가 항복했다면 청나라는 명나라와 조선 간의 가장 깊숙한 비밀까지 속속들이 파악했을 터였고, 섣불리 거짓말을 했다가는 더 큰 오해와 분노를 불러일으켜 인조 임금에게까지도 화가 미칠 수 있기 때문이었지요.

"나와 임경업이 책임지면 된다. 두 사람만 죽을 각오를 하면 살길이 보일지도 모른다."

그리고 심양으로 끌려가 모든 책임을 뒤집어쓰고 모진 고문을 당한 뒤 감옥에 갇힙니다. 인조반정 이래 항상 현실을 똑바로 보자고 주장하며 청나라와의 화친을 역설했던, 그러면서도 목숨이 위험할 수 있는 절박한 현장에 서슴없이 뛰어들어 적장이나 청나라 황제와 입씨름을 벌였던, 조선에서 가장 욕을 많이 먹었으되 가장 많은 일을 해 냈던 외교관 최명길은 무려 2년 동안이나 감옥살이를 해야 했습니다.

이 감옥살이 중 최명길은 척화신의 거두이자 자신을 혹독하게 비난했던 김상헌과 다시 만나게 됩니다. 둘 사이의 감정은 부드러울 수가 없었습니다. 꼬장꼬장한 김상헌은 최명길을 오랑캐에 나라 팔아먹은 매국노 취급을 했지요. 최명길도 '삼전도의

최명길

굴욕' 즈음 김상헌이 자살을 시도했다가 가족들에게 구출된 일을 들어 "가족들이 다 보는 데서 무슨 자살을 한단 말인가!" 하고 비난한 일도 있었고요.

김상헌은 청나라 세상이 되었어도 고집을 꺾지 않고 꿋꿋이 버티다가 청나라에 끌려와 있었고, 그렇게 최명길과 감옥에서 만나게 되었습니다. 둘은 서로를 위로하며 해묵은 갈등의 가시들을 뽑아 냅니다. 청나라 사람들도 감탄한 조선인의 지조를 대변한 김상헌과, 혹독한 비판과 욕설을 감내하며 나라를 구해 낸 우리 역사 최고의 유능한 외교관 최명길은 서로의 마음을 시로 전하며 화해합니다. 그 시들이 최명길의 문집 《지천집》과 김상헌의 문집 《청음집》에 남아 있지요.

> 두 세대의 좋은 우정을 찾고
> 백 년간 묵은 의심을 풀리로다
> ─김상헌

척화신의 우두머리라 할 김상헌이 최명길의 진심을 마침내 깨달은 것입니다. 김상헌 자신이 싸워야 한다고 부르짖을 때, 헛되이 싸우지 않을 방법을 찾아 골몰했고, 자신이 하늘이 무너져도 그것만은 안 된다고 부르짖을 때, 최명길은 하늘이 무너진 뒤

솟아날 구멍을 찾았으니까요. 동료들이 쳐들어오는 적 앞에서 아무것도 못 하고 허둥댈 때 적진에 뛰어들어 임금을 피난시킬 시간을 벌고, 절망 속에 무너져 가던 남한산성 안에서 임금을 설득하고 사람들을 달래고 청 태종과 협상하며 희망의 숨구멍을 파 나갔던 최명길의 모습이 김상헌의 눈앞에 선히 지나갔겠지요.

최명길은 김상헌의 마음에 이렇게 답합니다.

그대의 마음 굳은 바위 같아 끝까지 바뀌지 않으나
저의 도는 둥근 고리 같아 믿는 바에 따릅니다.
-최명길

인조반정 후 정묘호란을 거쳐 병자호란, 그리고 항복 이후의 시간 내내 조선 팔도에서 가장 답답했던 사람은 다름 아닌 최명길이었을지도 모르겠습니다. '굳은 바위' 같은 사람들은 넘쳐 났고 '끝까지 바뀌지 않는' 절개를 자랑하는 사람도 빗자루로 쓸어낼 만큼 많았습니다. 그런 사람들이 인조반정 후 만주족 사정을 아주 잘 알았던 평안감사 박엽을 죽였고, 광해군의 중립 외교 정책을 오랑캐에게 나라 팔아먹는 짓으로 매도하면서도 별 대책을 세우지 않았고, 준비 없는 상황에서 전쟁을 선포하는 격문을 뿌리다가 적의 손에 들어가게 했으며, 전쟁이 터진 뒤 제대로 싸워 보지도 못하고 항복하게 만들었다면 지나친 비판이 될까요.

외교에서 '굳은 바위' 같은 마음은 그만큼 위험한 것이기도 합니다. 의를 지키기 위해 끝까지 싸우다가 전멸해 버리자는 척화신들의 말을 따랐다면 오늘날 우리는 아예 나라를 잃고 중국어를 쓰며 살고 있을지도 모릅니다.

외교에서 지켜야 할 굳은 마음이란 오히려 '지혜로운 생존'을 위한 의지가 아닐까요? 싸우지 않고도 이익을 취하고, 꼭 싸워야 한다면 어떻게 우리 쪽에 유리하도록 국제 정세를 이끌어 낼지를 고민하며, 싸움에서 지더라도 무슨 수를 쓰든 우리의 생존과 지켜야 할 생명선을 확보하는 것이 바로 외교입니다.

그런 면에서 외교는 속 시원한 승리와 영광의 장이 아닌 끊임없이 교섭하고 조건을 다투고 협박하고 설득하며 '돌고 돌아가는' 둥근 고리 같은 무대입니다. 최명길은 '굳은 바위'들이 넘치는 인조 연간의 조선에서, '돌고 돌아가는' 외교 무대의 독보적인 주연으로 일인다역의 재능을 발휘하며 나라를 지켜 낸 명신이자 외교관이었습니다.

임진왜란 때 하늘이 충무공 이순신을 내려 나라를 구했다면, 병자호란 때 내린 선물은 문충공 최명길이 아니었나 싶습니다.

최명길을 좋게 보지 않았던, 즉 최명길의 외교를 나라 망친 것으로 매도했던 이들조차도 당대에 그의 공로를 인정하지 않을 수 없었습니다. 최명길이 죽었다는 소식에 《조선왕조실록》의 사관은 최명길에 대해 이리저리 안 좋은 소리를 늘어놓은 후 이렇게 덧붙입니다.

> 위급한 경우를 만나면 앞장서서 피하지 않았고 일에 임하면 칼로 쪼개듯 분명히 처리하여 미칠 사람이 없었으니, 역시 한 시대를 구제한 재상이라 하겠다.
>
> ─《조선왕조실록》, 인조 25년, 5월 17일

8

가슴에 독립 품고
외세의 풍랑을 타다

↓

김가진

1846~1922

조선 말기의 문신이자 대한제국의 대신

1876년 일본과의 강화도 조약이 체결됐습니다. 1875년 9월 20일부터 22일까지 3일간 일본의 245톤 군함 운요호가 강화도 등지에서 조선군과 교전했던 운요호 사건 등 일본의 무력 시위에 떠밀리듯 맺은 것이었지요. 또한 오랜 쇄국정책으로 국제 정세에 밝지 못한 탓에 완전한 불평등 조약을 감수해야 했습니다. 그러나 어쨌든 조선 정부가 외국과 맺은 최초의 근대적 조약이었으며, 이로 인해 부산, 원산, 인천의 세 항구가 개방됐고, 외부 문물이 급속도로 조선 깊숙이 파고들었습니다.

문제는 그렇게 나라의 문을 열었어도, 어떻게 안팎을 두루 살펴 바깥을 받아들이고 안을 살찌울지에 대한 고민은 거의 없었다는 점입니다. 왕비의 친척인 민씨 일족은 권력을 독차지하고 나라를 속에서부터 박박 긁어 배를 채웠습니다.

이런 탐욕과 혼란 속에 터져 나온 것이 임오군란(1882)입니다. 개화를 한답시고 신식 군대를 육성하면서 구식 군대에 대한 처우는 최악으로 떨어져 있었습니다. 13개월이나 봉급이 밀린 가운데 겨우 나온 급료로 주어진 쌀이 '모래 반, 껍질 반'인 말도 안 되는 상황에 이르자 구식 군인들은 폭동을 일으킵니다. 그들은 대궐을 습격하여 대신들을 죽이고 왕비까지 없애 버리겠다고 설쳤지만 왕비는 가까스로 몸을 피했습니다. 아들과 며느리에게 권력을 빼앗긴 후 절치부심하던 흥선대원군은 군인들의 요청으로 다시금 전면에 나서 정권을 장악했지요.

하지만 대원군의 천하는 오래가지 않았습니다. 재빨리 개입한 청나라군이 조선 군인들을 제압하고 대원군을 납치한 후 그 길로 서해 바다를 건너 청나라로 데려가고 말았으니까요. 임오군란 이후 '개화'는 돌이킬 수 없는 대세가 됩니다. 다음은 고종의 개화 교서 중 일부입니다.

천하의 대세는 옛날과 크게 달라졌다. 영국, 프랑스, 미국, 러시아 등은 정밀한 기계를 제조하고 나라를 부강하게 만들었다. …
다시는 '양洋'이니 '왜倭'니 하면서 근거 없는 말을 퍼뜨려 인심을 소란하게 하지 말라. … 이미 서양과 수호를 맺은 이상 서울과 지방에 세워 놓은 척화비들은 시대가 달라졌으니 모두 뽑아

김가진

버리도록 하라.

–《조선왕조실록》, 고종 19년, 8월 5일

외세들로 위태로운 인천에 부임하다

이제 서양은 더 이상 '서양 오랑캐'가 아니었고 한때 '서양 오랑캐와 화합하고자 하는 것은 나라를 파는 것'이라고 선언하던 척화비들은 뽑혀 땅에 뒹굴었습니다. 개화와 개혁, 그리고 격변하는 국제 정세에 대한 대응은 조선 사회의 초미의 관심사로 떠올랐습니다. 이전까지 열렬한 성리학자로서 서양 오랑캐를 물리치자고 외치던 젊은 선비들도 서서히 그 생각을 바꿔 나가게 됩니다. 그 가운데 김가진도 있었습니다.

김가진은 명문 안동 김씨의 일족이었지만 서자로 태어나 쉽게 벼슬길에 오르지 못했습니다. 프랑스군이 강화도를 침략한 병인양요 때는 의병으로 자원하여 창을 들고 한강변을 지키며 서양 오랑캐를 무찌르자 외치던 조선의 흔한 선비였지요. 하지만 절친한 친구 이조연이나 김옥균, 홍영식 등 개화파 인사들의 영향을 받아 적극적인 개화가 필요하다는 것을 절실히 느끼고 외국과의 교류와 교섭에 필요한 인재가 되고자 노력하게 됩니다.

임오군란 이후 체결된 제물포 조약의 수호조속규약 제1항은 "부산, 원산, 인천 각 항의 범위를 넓혀 사방 각 50리로 하고

2년 후에는 100리로 한다"였습니다. 외국인들의 활동 범위가 넓어지면 그만큼 처리할 일도, 그들과 상대할 일도 많아질 수밖에 없었으므로, 조선 정부는 통리교섭통상사무아문統理交涉通商事務衙門을 두어 외교 업무를 관장하도록 합니다. 김가진은 이 관청의 인천 주재 관리로 부임합니다.

그가 인천에 있을 때 김옥균 등 급진개화파의 주도로 갑신정변이 일어났지만 개화당 정권은 청나라 군대의 개입으로 3일 만에 몰락합니다. 김옥균 등이 일본인들과 함께 허겁지겁 인천으로 달려와 가까스로 일본 배에 올라탔을 때 그를 추격해 온 조선 관리들은 인천 부둣가에 서서 개화파 인사들을 내놓으라고 요구합니다. 개화파가 철석같이 믿고 있던 일본 공사 다케조에도 태도를 바꿔 배에서 내리라고 요구하지요. 그때 일본인 선장이 나서서 단호하게 선언합니다.

"내가 이분들을 배에 태운 것은 다케조에 공사 당신의 체면을 보아서였소. 보아하니 공사와 뭔가 일을 함께 계획했다가 잘못돼 쫓기는 것 같은데 죽을 걸 뻔히 알면서 배에서 내리라니 그게 말이 되오? 이 배에 탄 이상 모든 책임과 권리는 나한테 있소. 인간 된 도리로 이들을 내리게 할 수는 없소."

나라의 역적으로 몰린 사람들이 도피한 배였지만 조선 관리들은 일본 배에 함부로 오를 수 없었고, 갑신정변을 일으킨 개화당이 한결같이 믿었던 일본 공사는 국익을 위해 한때의 동지들을 서슴없이 버리려 들었던 겁니다. 개화파 인사들은 일본인 선장의 호의가 아니었더라면 목숨을 부지하기조차 어려웠을 겁니다.

인천 부두에서 개화파의 목숨을 두고 벌어진 이 숨 막히는 외교전을 김가진은 똑똑히 지켜보았습니다. 한때 외세를 배격했던 나라 조선은 이제 외세에 휩쓸려 중심조차 잡기 힘든 나라가 돼 있었습니다.

그 이후로도 2년 넘게 인천에서 근무하면서 김가진은 조계(개항 도시의 외국인 거주지로, 외국이 행정권과 경찰권을 행사함)를 정하고 항만 관리 담당 부서를 설치하는 등 크고 작은 일을 맡아 처리했습니다. 1885년 8월까지 꼬박 2년간의 인천 근무는 그의 외교적 실무 역량을 크게 향상시켰습니다. 김가진이 자신의 이력서에서 "우리나라의 개항과 통상은 이로부터 시작되었다고 의미를 부여할 만큼 보람찬 기간이었다"라고 자평할 정도였지요.

그는 외교 업무로는 조선에서 손꼽을 만한 재목으로 성장해 갔습니다. 일본어와 중국어는 물론, 영어까지 어느 정도 익힌 관리는 조선 천지에 흔하지 않았으니까요.

독박을 쓴 실무자

한편, 개화파 정권을 무너뜨린 청나라는 기고만장했습니다. 스물다섯 살의 청나라 관리 위안스카이가 '나라를 감독한다'는 뜻의 '감국대신監國大臣'이라는 어마어마한 감투를 쓰고 나타나 사실상 조선 총독 행세를 할 정도였지요. 조선과 청나라 역사상 청나라 관리가 조선에 파견되어 내정 간섭을 한 경우는 이때가 유일합니다. 위안스카이는 조선의 내정과 외교를 감시하면서 조선이 다른 나라와 독자적 외교 관계를 수립하지 못하도록 막았습니다.

1915년 위안스카이의 사진

김가진

아무리 청나라에 기대고 있던 조선 국왕 고종이라고 해도 이런 사태는 용납하기 어려웠습니다. 청나라와 일본, 그리고 이미 서울에 공관을 두고 있는 서구 열강과의 외교를 맡고 개화의 실무를 맡아 처리할 인력이 절실했습니다. 이때 고종의 머릿속에 떠오른 사람이 바로 김가진이었습니다.

"김가진을 불러올리라."

김가진은 여러 부서의 실무를 맡아 능력을 검증받은 뒤에 대과大科에도 당당히 급제하여 고종의 측근으로 활약하게 됩니다. 고종이 하루에 세 번씩이나 김가진을 불러 의견을 물을 정도였다고 합니다.

이즈음 고종은 눈 뜨고 보아 주기 어려운 청나라의 행패를 견제하기 위해 러시아에 접근하고 있었습니다. 이 와중에 청나라가 반발하고, 러시아의 남하를 우려한 영국이 남해의 거문도를 점령하는 사태까지 벌어졌지만 고종은 러시아 접근을 포기하지 않습니다.

1886년 10월 고종의 명령을 받은 민영환이 김가진을 부릅니다. 나이는 김가진보다 열다섯 살이나 아래였지만 민영환은 민씨 척족의 핵심 중 하나로 권세가 당당했습니다.

"김 공의 능력을 발휘해 주셔야겠습니다. 러시아 신임 공사 웨베르를 만나서 그를 설득해야 합니다. 조선에 대한 내정 간섭을 중단할 것을 청에 요청해 달라고 말입니다. 미국 공사 데니하고는 긴밀히 연락을 주고받으신다고 들었습니다. 그쪽도 좀."

이후 김가진은 분주히 움직였습니다. 그러나 언제나 적은 내부에 있는 법이죠. 고종의 러시아 접근을 미심쩍게 바라보는 이가 있었으니 그 역시 민씨 척족의 대표라 할 민영익이었습니다. 그는 이 움직임을 위안스카이에게 상세하게 흘렸고, 위안스카이는 강력히 반발했습니다. 고종을 퇴위시키고 대원군의 다른 아들을 왕위에 올리겠다고 협박하는 그 앞에서 누구든 희생양이 되어야 했습니다. 그 책임자라면 민영환이었겠으나 정작 민영환은 무사했습니다. 왕비의 일족 여흥 민씨였기 때문입니다. 독박을 쓴 것은 실무를 맡은 김가진이었습니다.

치열한 외교전 와중에 각국의 이해관계와 본국 정부의 상황이 꼬이면서 일선의 외교관들이 피해를 입는 경우는 그리 드물지 않습니다. 어제까지 확고하게 주장하던 입장을 하루아침에 뒤바꾸는 일도 종종 일어나고, 얼마 전까지만 해도 목숨 걸고 반대했던 주장을 '적극 지지'하는 민망한 일도 이따금 벌어지는 것이 외교 무대지요.

러시아를 향한 외교적 접근은 국왕의 뜻이었지만 이것이 외교문제로 악화되자 말단 외교관 김가진이 책임을 지게 된 겁니다. 이로 인해 김가진은 전라도로 귀양을 떠나지만 곧 풀려납니다. 러시아 공사관과 미국 공사관이 자신들과 터놓고 이야기할 수 있는 상대였던 김가진을 복귀시키라고 압력을 가했기 때문입니다. 귀양살이에서 풀려났는데도 김가진의 입맛은 씁쓸했습니다.

"우리는 언제나 외국의 눈치를 의식하지 않고 살아갈 수 있을까."

독립자주국으로 가는 길의 최전선

그로부터 석 달쯤 뒤 김가진은 새로운 어명을 받습니다. 청나라 천진 주재 종사관으로 임명된 것이죠. 이제는 해외로 파견된 공식적 외교관의 직함을 갖게 된 것입니다.

하지만 김가진의 청나라 생활은 그리 유쾌하지는 않았습니다. 조선과 러시아의 밀약을 추진했던 이로서 조선의 '감국' 위안스카이의 낙인이 대문짝만하게 찍힌 사람이었으니까요. 하지만 김가진은 조선의 입장을 간곡히 설명하고 청나라의 반응을 탐지해 고종에게 보고하는 임무를 소홀히 하지 않습니다.

그리고 1887년 5월 그는 일본 부임을 명령받게 됩니다. 갑신정변 이래 극심해지는 청나라의 간섭에서 벗어나려고 애쓰던 고종은 조선이 청의 속국이 아니라 자주독립국임을 천명하고자 해외에 외교공관을 설치하려 했고, 일본 주재 공관 운영의 적임

자로 김가진을 선택했던 것이죠.

김가진의 상관, 즉 일본 주재 조선 공사는 민영준(민영휘로 개명)이었는데 친일파의 거두로서 일본의 귀족이 되어 조선 최고의 부자로 떵떵거리게 되는 바로 그 사람이지요. 일찍이 사람됨이 변변치 않아 보였는지 위안스카이는 일본 주재 청나라 공사인 서승조에게 보낸 서한에서 민영준에 대해 이렇게 말합니다. 무능하고 그 자리에 오래 있을 수 없는 인물이니, 후임은 김가진이 맡아야 한다고요.

이 예측은 정확하게 맞아떨어집니다. 민영준은 재정도 풍부하지 않은 나라의 공관장을 맡아 해외에서 고생할 사람이 아니었습니다. 그는 일본 정부에 외교문서를 전달하자마자 냅다 귀국해 버립니다.

"남은 일은 별것 없을 테니 김가진 공이 알아서 하시오."

중국에 대한 사대를 기본으로 하는 위계질서에 안주해 온 조선은 19세기 말 청나라의 속국이 아닌 독립자주국으로 다시 태어나기 위해 안간힘을 쓰고 있었습니다. 김가진이 선 자리가 바로 그 최전선이었지요.

그러나 약소국의 외교관이란 누구에게나 무시당할 수 있는 허약한 자리였습니다. 더구나 위안스카이는 특히 조선의 자주적 외교 활동에 민감하게 굴었습니다. 조선에 대한 야욕을 숨기지 않던 일본에게도 일본 주재 조선 외교관은 만만한 존재일 수밖에 없었죠. 이에 맞선 김가진의 각오는 다음과 같이 그의 이력서에 분명하게 남아 있습니다.

모든 움직임은 예로써 하여 임금의 명령을 욕되이 하지 않는다.
모든 행동은 신의로써 하여 나라의 체면을 손상시키지 않는다.

불꽃 튀는 시 외교전

얼마 후 김가진은 일본 주재 조선 공사로 정식 임명됩니다. 본디 외교관들이란, 서로 모여 웃고 즐기는 자리에서조차 긴장의 끈을 놓치기 어려운 법입니다. 김가진처럼 마음대로 할 수 있는 게 많지 않은 약소국의 외교관은 더욱 그랬습니다. 일본인들의 초대를 받아 술을 나누고 시를 교환하는 자리에서도, 서양 외교관들과 함께하는 파티 장소에서도 각국의 이해관계는 소리 없이 부딪쳤고 보이지 않는 불꽃을 튀겼습니다.

1889년 일본의 실력자 이토 히로부미 등 몇몇 일본인 고관들이 김가진과 청나라 공사 여서창을 초대하여 연회를 열었습니다. 이토 히로부미가 이런 시를 지어 흥을 돋웠습니다.

분쟁 해소에는 무력이 필요치 않으니

담소 나누는 사이에 또 맹약을 바로잡네

돌아가는 한 조각배에 풍랑 고요하니

장차 봄 풍경을 실어 도성에 들어가네

'분쟁을 해소하는 데 무력이 필요하지 않다'는 시구는 반대로 여차하면 무력이 사용될 수도 있음을 암시하고 있었습니다. 풍랑이 없으면 조각배는 약간의 파도만 쳐도 불안해지는 법입니다. 이는 그만큼 위태로울 수 있는 동북아시아 정세를 빗댄 시였습니다. 이 시를 들은 김가진은 다음과 같이 답합니다.

국토가 모두 순망치한의 형세에 있으니

나라 사이 예물은 어느 맹약보다 더 돈독하네

끝없는 아세아의 봄 풍경 좋으니

그대의 한마디 말에 의지해 튼튼한 성을 만드네

순망치한脣亡齒寒, 즉 입술이 없어지면 이가 시리다는 말은 조선과 일본이 서로 돕고 의지하는 형세에 있음을 강조하는 표현이었고, 이토 히로부미의 '한마디 말'이 튼튼한 성이 될 수 있다는 것은 이토를 추켜세우는 것처럼 보이나 말 한마디라도 조심해 달라는 당부이기도 했습니다.

김가진

한편, 김가진은 함께 초대된 청나라 공사 여서창에게는 이런 시를 건넵니다.

> 꽃구경 위해 아름다운 모임을 여니
> 봄바람과 봄비가 제 맘대로 빗겨 나간다
> 주인이 우리를 반갑게 맞아 주니
> 아시아를 한 집안처럼 몹시 사랑하네

이 시에서 김가진은 자신들이 이 자리를 마련한 주인(일본인)과 대등한 손님으로 왔음을 일깨우며 조선이나 청이나 아시아의 여러 나라 가운데 하나라는 점을 강조하고 있습니다. 군신관계나 종속관계가 아닌 '한 집안'이라는 표현은 그래서 나온 것이었지요.

청나라 공사 여서창에게 이런 김가진의 모습은 이미 낯익은 것이었습니다. 노련미를 갖춘 외교관인 김가진은, 사사건건 종주국 행세를 하려는 청나라 외교관들에게는 눈가에 박힌 가시 기둥 같은 존재였으니까요.

당신들이 언제 우리를 다스렸소?

일본에서 김가진은 조선의 '총독' 격으로 군림하고 있던 위안스카이를 돌려보내려는 대담한 외교전을 펼칩니다. 조선의 자주 외교에 사사건건 개입하고 훼방을 놓는 그에 대한 불만은 드높았고 조선 조정은 이미 몇 차례 그의 소환 또는 교체를 요청했지만 받아들여지지 않았습니다.

이런 상황에서 김가진은 또 한 번 뚝심을 발휘합니다. 1889년 11월, 주일 청국 공사 여서창에게 위안스카이의 소환을 요구하는 문서를 전달한 것입니다. 여서창은 기가 막혔습니다. 이건 숫제 호랑이 아가리에 머리를 들이미는 격이었으니까요. 여서창과 김가진은 격렬히 충돌합니다.

"이보시오. 지금 이걸 우리 조정에 전하라는 거요? 대관절 조선에서 무슨 일이 벌어지고 있는지 알기나 하시오?"

"잘 알고 있으니까 이러는 것 아닙니까."

"영약삼단(另約三端, 조선이 미국 주재 공사를 파견할 때 청나라가 내걸었던 세 가지 조건)을 잊지는 않으셨겠지? 조선 공사는 주재국에 도착하면 먼저 청국 공사를 찾아와 그의 안내로 주재국 외무성으로 간다. 그런데 당신은 일본에 와서 1년 동안 이곳을 찾지 않았어. 둘째, 회의나 연회석상에서 조선 공사는 청국 공사의 밑에 자리해야 하는 것인데 역시 지키지 않았소!"

"셋째, 조선 공사는 중대 사건이 있을 때 반드시 청국 공사와 미리 협의한다. 그래서 지금 협의를 하는 것이니 세 번째 조항만은 지키고 있는 셈이로군요."

"뭣이?"

"이른바 영약삼단은 미국 정부를 비롯해 외국인들도 동의하지 않았던 청국의 억지로 알고 있습니다. 조선은 독립국이고 그래서 세계 각국과 수호하고 있는데 어찌 청국만 국제 관례를 무시한단 말입니까?"

"뭣이 어쩌고 어째?"

유창한 중국어로 능청스럽게 받아치는 김가진 앞에서 여서창은 부들부들 떨었습니다. 이후로도 청나라 측의 압박은 계속 이어졌으나 김가진은 아랑곳없이 할 일을 해 나갔습니다. 참을 것은 참고 줄 것은 주었지만 "나라의 체면을 손상시키지 않겠다"라는 원칙을 어긴 적은 없었습니다.

그러던 중 김가진은 외교관들의 공식 행사장에서 청나라의 턱을 들이받는 것과 마찬가지인 일대 사건을 벌이게 됩니다. 중국 외교관 왕봉조(몇 년 후인 1892년 일본 주재 청나라 공사가 되는 인물)가 행사장 연단에서 연설을 시작했습니다. 이런저런 외교적 치사들을 흘려듣던 김가진의 눈이 번쩍 뜨인 것은 왕봉조가 이렇게 외쳤을 때였습니다.

"동양에서 독립국이란 두 나라뿐입니다. 바로 우리 대청국과 일본, 이 두 나라뿐이지요."

자리를 채우고 있던 일본인들을 추켜세우려는 외교적 수사였지만 김가진으로서는 묵과할 수 없는 연설이었습니다. 그럼 조선은 대체 뭐란 말인가. 김가진은 벌떡 일어섰습니다. 주변 사람들이 손짓으로 말리려 했으나 이미 도끼눈을 뜨고 성큼성큼 연단으로 나서는 기세에 눌렸습니다. 한창 열변을 토하던 왕봉조의 목소리도 잦아들었고, 본디 작은 키도 아니었으나 머리에 쓴 관모 때문에 더욱 커 보이는 조선인에게 좌중의 시선이 쏠렸습니다.

김가진이 연단 앞에 바짝 다가서자 왕봉조도 연설을 멈췄습니다. 무슨 일이냐 물으려 왕봉조가 입술을 달싹거릴 때 김가진의 목청에서 그야말로 벽력같은 목소리가 터져 나왔습니다.

"조선은 독립국이오. 오랜 역사와 사직을 갖고 있는 독립국입니다. 누가 터무니없이 우리나라를 욕되게 하고 다른 나라에 예속되었다고 말하는 것이오?"

왕봉조의 얼굴이 흙빛이 됐고 변발을 한 청나라 사람들이 일제히 일어나 소리를 질렀지만 김가진은 한 치도 물러서지 않았습니다.

"조선이든 이전의 고려든 신라든 당신들이 다스린 적이 있단 말이오?"

김가진은 기회가 있을 때마다 조선이 독립국임을 강조하고 다녔습니다. 1890년 10월경 일본 외무대신 아오키 슈조와의 만남에서도 그랬습니다. 아오키가 조선을 반+독립국이라고 폄하하자 김가진은 낯빛을 바꿉니다.

조선은 요堯 임금 때부터 국가와 임금이 있었습니다. 설혹 중국에 패하였더라도 이제까지 한 번도 지배받은 적이 없습니다. 중국과의 사행(使行, 책봉과 조공을 위한 사신행차)에서도 실익은 조선이 챙기고 중국은 명분만 가져갑니다. 조선 국왕은 말 한마디 명령 하나 모두 스스로 내리십니다."

– 김위현,《동농 김가진전》

압도적인 국력의 차이 때문에 어쩔 수 없는 사대를 했고, 사대가 지나쳐 굴종적으로 보일 수도 있었으나 적어도 중국에 예속되어 나라의 주권을 행사하지 못한 적은 우리 역사에 없었습니다. 오히려 위안스카이가 서울에서 판을 치고 있는 당시가 역사적으로 비정상적인 일일 뿐이었지요.

김가진은 그 역사를 들어 외교가에서 조선이 자주 외교를 펼칠 수 있는 독립국임을 소리 높여 외쳤습니다. 그는 약소국이 되 결코 예속국일 수 없었던 조선의 외교관이었습니다.

망국의 세월에 휘말리다

그가 일본에서의 외교관 생활을 마무리하고 돌아온 후의 20년은 글자 그대로 격동의 세월임과 동시에 '망국의 세월'이었습니다. 김가진 역시 그 질풍노도 같은 역사에 휘말렸습니다. 우리나라의 역사를 가르는 분기점이 되는 갑오경장의 주역으로서 동료들과 함께 머리를 맞대고 여러 개혁안을 짜내기도 했고, 갑오농민전쟁 때에는 전라도 관찰사였던 친척 김학진을 움직여 동학농민군을 관대하게 다루도록 했으며, 이후로도 대한제국 성립 후 개혁 관료로서 동분서주했습니다.

하지만 대한제국은 너무 허약해져 있었고, 이웃 나라 일본은 청일전쟁(1894)에 이어 러일전쟁(1904~1905)까지 일으키면서 한반도를 집어삼킬 야욕을 불태웠습니다. 급기야 일본은 1905년 을사늑약으로 대한제국의 외교권을 박탈했고, 1910년 경술국치를 통해 대한제국은 일본의 식민지로 전락하고 말았습니다.

이 망국의 세월 내내 대한자강회, 대한협회 등 여러 단체들을 만들어 발버둥을 치며 나라를 지켜 보려던 김가진이었지만 대세를 되돌릴 수는 없었습니다. 나라는 망했고 일제는 득의양양하게 조선의 지도층에게 작위를 수여합니다. 구한말 황족과 친일의 공로가 있는 사람들 31명에게는 후작, 백작, 자작을 수여하고, 대한제국의 고위 관료 출신 45명에게는 남작을 수여하지요. 그때 김가진도 고위 관료로 남작 칭호를 받게 됩니다.

그는 일본이 주는 은사금은 받지 않았지만 일제의 남작 칭호는 거부하지 못했습니다.

조선을 반쪽짜리 독립국이라 부른 일본 외무대신을 혼쭐내고, 종주국 행세를 하려는 청나라의 실력자에게 거침없이 대들던 외교관 김가진은 확실히 그 기백을 잃고 있었습니다. 영국에 나가 있던 외교관 이한응이 한국의 외교권을 박탈한 을사늑약에 항거하여 자살했고, 러시아 공사 이범진도 공사관 철수를 거부하며 항거하다가 경술국치 이후 스스로 목숨을 끊었습니다.

그런데 한때 조선의 자주독립을 외치던 외교관 김가진은 일본 제국의 귀족으로서 연명하는 망국의 늙은 신하가 되어 있었습니다.

3월 1일, 부활하다

김가진이 그렇게 눈을 감았다면 한때 조선의 개혁과 자주독립을 외치던 외교관 김가진은 일제의 귀족, 그리고 나라를 망친 대한제국의 고관 중 하나로 역사에 기록됐을 것입니다. 하지만 김가진은 그의 나이 일흔네 살에 또 한 번 세상을 놀라게 합니다.

1919년 3월 1일 3·1항쟁의 만세 소리가 조선 전역에서 터져 나왔습니다. 조선에서 바늘 하나만 떨어져도 알 수 있다며 치안을 자신하던 일본 당국이 전혀 눈치채지 못하는 가운데, 완벽히 조선을 장악하고 조선 사람들을 통제하고 있다고 믿던 일본인들의 뺨을 때리듯, 만세 소리는 우렁차고도 거대하게 조선 천지를 뒤덮었습니다. 독립선언서가 낭독된 파고다 공원 현장에 있었던 이의경(필명 이미륵)은 이렇게 이야기하고 있습니다.

갑자기 깊은 정적이 왔고 누군가가 조용한 가운데 연단에서 독립선언서를 읽었다. … 잠깐 동안 침묵이 계속되더니 다음에는 그칠 줄 모르는 만세 소리가 하늘을 찔렀다. 좁은 공원에서 모두 전율했고, 마치 폭발하려는 것처럼 공중에는 각양각색의 삐라가 휘날렸고 전 군중은 공원에서 나와 시가행진을 했다.
–이미륵, 《압록강은 흐른다》

천지를 울리는 만세 소리는 김가진의 영혼을 뒤흔들어 놓았습니다.
"조선독립만세라니! 대한독립만세라니!"
김가진은 혼이 나간 사람처럼 거리를 정처 없이 누볐습니다. 만세 소리는 벼락처럼 김가진의 어깨를 내리쳤고 번개처럼 온몸을 관통하며 늙은 가슴을 지졌습니다. 김가진이 이미 죽었다

Thousands of enthusiastic Koreans, including women and girls, shouting "Mansei" with hands in the air outside the palace in Seoul

《조선 독립운동(korea independence movement)》 사진집에 실린
3·1운동 당시 조선인들의 만세 모습

고 포기했던 조선은 살아 있었습니다. 김가진이 살았으되 죽어
지내는 목숨이었다면, 죽어 버린 듯했던 백성들은 펄펄 살아 일
어났습니다. 나이 일흔넷을 맞은 대한제국 전임 대신은 마음을
고쳐먹고 주먹을 부르쥡니다.

'아직 내 할 일이 남았구나.'

3·1운동의 격랑이 지나간 후 김가진은 비밀결사 조직인 대
동단을 결성하여 총재직을 맡아 항일운동에 나섭니다. 이후 일
제의 감시망이 죄어들어 오자 임시정부가 있는 상하이로 망명
할 결심을 하지요. 지금도 나이 일흔넷은 적은 나이가 아니지만,

당시로서는 하던 일도 정리하고 편한 아랫목을 찾아 누워 지낼 나이였습니다. 그러나 김가진은 고령을 무릅쓴 채 일본의 남작 작위를 내던지고, 무슨 고난이 있을지 모를 길을 나선 것입니다.

일제의 눈을 피해 변장을 하고서 일산역 대합실에 앉아 있던 김가진은 생각이 많았습니다. 돌아보면 참으로 원통하고 슬픈 사건들의 연속이었고 대한제국 대신이었던 자신은 책임을 피할 수 없었습니다. 열강의 틈바구니에서 대한제국은 강대국의 이해관계를 이용해 생존하려고 노력했으나 힘 없는 자의 외교란 뼈 없는 사람과 같은 것이었기에 대한제국은 너무도 허무하게 일본에 먹혀 버렸습니다. 외교관으로서, 대한제국의 대신으로서 김가진은 부끄러웠습니다.

그리고 기미년 3월 1일 터져 나온 만세 소리 앞에서, 체념하고 살았던 지난 세월이 죄스러워 어쩔 수 없었습니다. 김가진은 몸서리를 쳤습니다. 다시금 주먹을 부르쥐고 이미 빠지고 없는 어금니를 악물 듯 입술을 모았습니다.

"일찍 이 목숨 거둬 가지 않으신 것이 하늘의 뜻이다. 살아 있으니 무슨 일이든 할 것이다."

경의선 철도에 올라 북으로 향하면서 김가진은 자신의 심경을 이렇게 노래합니다.

나라는 깨지고 임금은 죽고 사직은 기울었도다

치욕을 견디며 죽지 못해 살아 지금에 이르렀구나

이 늙은 마음에 아직 하늘을 찌를 뜻이 있나니

다시 한번 날아올라 만 리 길을 가노라

우리 정부가 있는 곳에서 죽기 위해

김가진은 압록강을 건너 만주로 간 뒤 중국 대륙을 가로지르는 기나긴 여행 끝에 상해임시정부에 도착합니다. 대한제국 대신이자 일본의 남작이 대한민국 임시정부에 왔다! 이것은 '조선인들은 물론이요, 대한제국의 옛 황실과 대소 신료들도 일본의 통치에 지극히 만족하고 있다'는 일본의 거짓말에 통렬한 주먹을 날리고도 남을 소식이었습니다. 사람들의 들뜬 목소리가 임시정부 청사를 흔드는 가운데 '한 말씀'을 부탁받은 김가진이 목청을 가다듬었습니다.

"나는 이곳에 우리 민족의 정부가 있다는 이야기를 듣고 왔습니다. 우리 정부가 있는 이곳에서 죽는 것이 내가 바라는 바입니다."

그의 탈출은 그야말로 외교적인 '빅 뉴스'였습니다. 중국의 〈시사신보〉는 "한국의 큰 원로가 상하이에 왔다"라는 제목으로 김가진의 망명을 전하면서 김가진이 쓴 두 편의 한시 전문을 실었습니다. 이어서 며칠 뒤에는 "한국의 모 남작이 위험을 무릅쓰고 상해로 망명"이라는 제목으로 김가진이 "3등 열차편으로 한성을 탈출한 뒤, 늪과 물을 건너고 산과 들판을 전전한 끝에 8일 만에 겨우 위험지대를 벗어날 수 있었다"라는 상세한 탈출기를 실었고, 일본의 〈요미우리 신문〉도 중국의 〈차이나 프레스〉 보도를 인용하여, 쿠리로 변장한 조선의 전 대신 김가진이 30리 이상의 늪지를 걸어서 횡단해 상하이로 왔다고 보도했습니다. 김가진은 자신의 망명만으로 임시정부의 존재와 독립운동의 기치를 드높였던 것입니다.

대한민국 임시정부 국무원 기념 사진(1919년 10월 11일)

김가진

김가진은 임시정부의 최고 고문으로 추대되었지만 결코 거드름 피우며 안주하지 않았습니다. 평생 충직한 왕의 신하로 살았음에도 불구하고 임금을 다시 섬기자고 주장하지도 않았고 민국民國, 즉 공화국의 일원임을 자처했습니다. 외교관으로 잔뼈가 굵었던 그였으나 현실적으로 외교 독립론이 불가능함을 인식하고 '혈전'을 주창하면서 안동 김씨 가문의 먼 친척인 독립운동가 김좌진과 연계하려 노력했습니다.

이런 김가진의 유연함은 외교관 경험의 소산이었다 할 수 있습니다. 강경할 때에는 군인보다도 강경하지만 부드러워야 할 때는 누구에게든 허리를 굽힐 수 있고, 부당함에 맞설 때는 결코 물러서지 않으나 물러서는 것이 유리하다고 판단하면 서슴없이 태도를 달리할 수 있으며, '일편단심'이 아니라 상황에 따라 대응하고, 시대의 변화를 누구보다 빨리 읽어 내야 하는 것이 외교관이기 때문입니다.

김가진은 임시정부의 최고 고문으로서 바쁘게 활동했지만 말년에는 하루에 한 끼도 챙겨 먹지 못하는 굶주림 속에 살다가 세상을 떠났습니다. 병마에 시달리는 중에도 자신을 따라 망명한 며느리 정정화가 국내에서 구해 온 돈을 치료비로 쓰려 하면 완강히 거부했다고 합니다. 독립운동하라고 고국의 동포들이 마련한 돈을 자신의 치료에 사용하는 것이 송구스러웠기 때문일까요.

1922년 7월 김가진은 파란만장한 삶을 마칩니다. 그의 장례식은 당시 상해에 머물던 한국인들 절반이 참석하고 외국인들도 함께하여 국장國葬 수준으로 성대하게 치러졌습니다. 임시정부 기관지 〈독립신문〉은 이런 고별사를 남기며 김가진의 생애를 기립니다.

> 김가진 씨는 우리 구한 시대의 대관으로서 내정 개혁과 외교 직무에 주목할 만한 업적이 많고, 3·1 독립운동이 벌어지던 즈음 다수 지사와 긴밀히 연락하여 지원한 사실이 있으며 우리 독립당의 임시정부가 설립된 뒤, 김가진 씨가 광복 사업에 여생을 바칠 생각으로 민국 원년 (1919)에 아들 의한을 거느리고 상해에 도착하였을 때 우리 모두가 진심 환영한 바다. … 김가진 씨가 굳은 뜻과 의지로 조국 독립의 희망을 안고 해외를 내달리다가 별세한 것은 무궁한 유감이라 할 것이며 우리 사회의 애통 추모함은 실로 형언하기 어렵다.
> – 〈독립신문〉, 1922년 7월 8일

중학교

역사1

Ⅱ. 지역 세계의 교류와 변화

1. 몽골 제국과 문화 교류
2. 동아시아 지역 질서의 변화

Ⅳ. 제국주의 침략과 국민 국가 건설 운동

4. 동아시아의 국민 국가 건설 운동

역사2

Ⅰ. 선사 문화와 고대 국가의 형성

3. 삼국의 성립과 발전
4. 삼국의 문화와 대외 교류

Ⅱ. 남북국 시대의 전개

1. 신라의 삼국 통일과 발해의 건국

Ⅲ. 고려의 성립과 변천

1. 고려의 건국과 정치 변화
2. 고려의 대외 관계
3. 몽골의 간섭과 고려의 개혁

Ⅳ. 조선의 성립과 발전

1. 통치 체제와 대외 관계
4. 왜란·호란의 발발과 영향

Ⅴ. 조선 사회의 변동

1. 조선 후기의 정치 변동
2. 사회 변화와 농민의 봉기

고등학교

참고 자료

역사서

고려사절요

삼국사기 고구려본기 / 신라본기

삼국유사 권2

송사 권487 열전246

연려실기술(이긍익)

조선왕조실록

  고종실록 19년

  선조실록 37년

  세종실록 즉위년

  인조실록 5년 / 14년 / 25년

  설장수 졸기

  이예 졸기

단행본

김위현. 동농 김가진전. 학민사, 2009.

동북아역사재단 한국외교사편찬위원회. 한국의 대외관계와 외교사~고대편. 동북아역사재단, 2019.

박현모·이명훈. 조선 최고의 외교관 이예. 서해문집, 2010.

연세대학교 국학연구원. 동농 김가진 전집 1. 선인, 2014.

이미륵. 압록강은 흐른다. 전혜린 옮김. 여원사, 1959.

이한우. 조선을 통하다. 21세기북스, 2013.

임용한. 전쟁과 역사 2. 혜안, 2004.

한명기. 역사평설 병자호란 2. 푸른역사, 2013.

한명기. 최명길 평전. 보리, 2019.

한철호. 한국근대 주일한국공사 파견과 활동. 푸른역사, 2010.

細井肇. 現代漢城の風雲と名士. 日韓書房, 1910.

尹孝定. 風雲韓末秘史. 紹雲居士, 1946.

논문

김문자, "임진왜란기 일·명 강화교섭의 파탄에 관한 一考察 :

사명당(松雲大師)·加藤淸正 간의 회담을 중심으로", 정신문화연구 28 no.3 (2005):

225-254

김윤정, "고려후기 사여관복(賜與冠服) 행례와 예제(禮制) 질서의 형성", 역사와 현실

no.118(2020): 467-506

"韓末 外交舞臺의 大公使群像", 삼천리 5 no.1(1933): 40-41

웹사이트

국사편찬위원회 우리역사넷 http://contents.history.go.kr

국사편찬위원회 한국사데이터베이스 https://db.history.go.kr

사진 출처

13쪽 플리커 / gorekun

28쪽 한국 기록유산 Encyves / 김기창

31쪽 국가유산청 국가유산포털

45쪽 전쟁기념관 오픈아카이브

48쪽 한국 기록유산 Encyves / 권오창

54쪽 국가유산청 국가유산포털

66쪽 전쟁기념관 오픈아카이브

90쪽 충숙공이예선생기념사업회

107쪽 충숙공이예선생기념사업회

109쪽 충숙공이예선생기념사업회

121쪽 한국민족문화대백과사전

132쪽 문화재청 국가문화유산포털

155쪽 한국민족문화대백과사전

다른 인스타그램

뉴스레터 구독

한국사를 바꾼 협상의 달인들

총칼 대신 지혜로 맞선 여덟 번의 승부

초판 1쇄   2024년 7월 25일
초판 2쇄   2024년 10월 25일

지은이   김형민

펴낸이   김한청
기획편집   원경은 차언조 양선화 양희우 유자영
마케팅   정원식 이진범
디자인   이성아 김현주
운영   설채린

펴낸곳   도서출판 다른
출판등록 2004년 9월 2일 제2013-000194호
주소 서울시 마포구 동교로 27길 3-10 희경빌딩 4층
전화 02-3143-6478   팩스 02-3143-6479   이메일 khc15968@hanmail.net
블로그 blog.naver.com/darun_pub   인스타그램 @darunpublishers

ISBN 979-11-5633-623-5 44000
      979-11-5633-437-8 (세트)

다른 생각이
다른 세상을 만듭니다